Maryna Bidenko

Digital unterrichten

Apps & Co. im **Französischunterricht** gezielt einsetzen

Fertige Stundenentwürfe

Cornelsen

Die Autorin

Maryna Bidenko ist Lehrerin für Französisch an einem Ganztagsgymnasium sowie zertifizierte DELF-Prüferin. Als Fachschaftsleiterin übernimmt sie seit einigen Jahren die Koordination der digitalen Projektarbeit zwischen ihrer Schule in Deutschland und Schulen aus Frankreich und Belgien.

Projektleitung: Dorothee Weylandt, Berlin
Redaktion: Judith Krieg, Berlin
Umschlaggestaltung: Corinna Babylon, Berlin
Layout und technische Umsetzung: fotosatz griesheim GmbH, Griesheim

www.cornelsen.de

1. Auflage, 2. Druck 2020

Druck: H. Heenemann, Berlin

ISBN 978-3-589-16599-5

PEFC zertifiziert
Dieses Produkt stammt aus nachhaltig
bewirtschafteten Wäldern und kontrollierten
Quellen.
www.pefc.de
PEFC/04-31-1156

Inhaltsverzeichnis

Vorwort **4**

1 Mit Fotos/Bildern arbeiten **5**
1.1 Bonjour! Salut! 5
1.2 Qu'est-ce que c'est? / Qui est-ce? 7
1.3 Personen beschreiben: Moi et mon avatar 8

2 Mit Audiodateien arbeiten **11**
2.1 Créer un livre audio 11
2.2 Dictée atchoum 14

3 Mit Online-Tests und Umfragen arbeiten **16**
3.1 Un peu de grammaire 16
3.2 Eine Abstimmung durchführen: J'aime ou je n'aime pas 17

4 Kollaboratives Arbeiten **20**
4.1 Tabellen gemeinsam erstellen: Je fais mes courses en ligne 20
4.2 Gemeinsam schreiben: Que s'est-il passé? 23
4.3 Eine Klassenfahrt organisieren: Paris aux multiples visages 26
4.4 Texte mit Twine schreiben: L'histoire dont je suis le héro 29

5 Mit Wortsammlungen arbeiten **32**
5.1 Wortwolken – Nous voilà 32
5.2 Mindmap météo-vêtements-activités 36

6 Mit Videos/Filmen arbeiten **40**
6.1 Online einen Kurzfilm erstellen: Quel cinéma! 40
6.2 Videos mit Fragebogen hinterlegen: Régions françaises 44
6.3 Einen Film drehen: Imitations 45

7 Mit virtuellen Tafeln/Karten arbeiten **48**
7.1 Un CV pas comme les autres 48
7.2 Mit interaktiven Landkarten arbeiten: Je t'écris de 50

8 Einen Zeitstrahl erstellen **52**

9 Internationale Projekte gestalten **55**

10 Hilfestellung zu Präsentationstechniken und weitere Sprachmittel **60**

11 Pour aller plus loin **62**

Vorwort

In der Hand halten Sie eine Sammlung von Unterrichtsentwürfen, die sich mit digitalen Medien im Unterricht beziehungsweise beim Spracherwerb auseinandersetzt. Hier wird mithilfe ausgewählter Ideen gezeigt, wie alle Schülerinnen und Schüler (SuS) proaktiv und selbstständig bzw. im Team Aufgaben bearbeiten können. Die technische Ausstattung, etwa mit Smartphones und Smartboards (IWB), und die digitalen Arbeitsmittel, etwa Apps, dienen dazu, die Arbeitsprozesse zu optimieren und eine effiziente Zusammenarbeit zu ermöglichen.

Alle Unterrichtsstunden in diesem Heft berufen sich auf die Lehrplanthemen für die Klassen 5 bis 10 (G8 und G9) und zeigen, wie diese differenziert bearbeitet werden können. Da die technische Ausstattung sich in der heutigen Zeit rasant ändert und unterschiedlich ausgeprägt ist, enthalten mehrere Entwürfe mögliche Alternativen, sodass die Unterrichtsinhalte je nach Bedarf angepasst werden können. Wird die Unterrichtsidee beziehungsweise App zum ersten Mal ausprobiert, sollte Zeit für die Einführung in die Arbeit damit eingeplant werden. Die Lehrkraft (L) erläutert die App-Funktionen, die für die Umsetzung des Unterrichtsvorhabens relevant sind.

Wir verzichten bei den Unterrichtsentwürfen auf die explizite Festlegung der Klassenstufe und verweisen lediglich auf den Gemeinsamen Europäischen Kompetenzrahmen (A1–B1). Dadurch möchten wir erreichen, dass die Ideen flexibel umgesetzt werden können, je nach Interessen und Motivation der Klassengemeinschaft und als Ergänzung zum jeweiligen Lehrwerk.

Die Entwürfe enthalten:

- eine Übersicht der erforderlichen Vorbereitung, Medien, der Lerninhalte sowie der vermittelten Kompetenzen;
- Angaben zum Zeitbedarf und zu sprachlichen Mitteln;
- Hinweise auf mögliche Stolpersteine beziehungsweise Schwierigkeiten;
- den Stundenverlauf sowie Arbeitsblätter (AB) als Kopiervorlagen, die direkt eingesetzt werden können;
- Vorschläge zur Differenzierung, die Ihnen helfen, die Bedürfnisse Ihrer SuS flexibel abzudecken.

Tauchen Sie in die digitale Welt des Lernens ein und profitieren Sie von den vielfältigen Möglichkeiten, die der Einsatz der Medien im Unterricht mit sich bringt.

Themenkomplex 1: Mit Fotos/Bildern arbeiten

Unterrichtsidee 1.1: Bonjour! Salut!

Stundenthema/ Kurzbeschreibung	Erste Kontaktaufnahme. Mithilfe digital bearbeiteter Bilder/Fotos stellen SuS formelle und informelle Begegnungssituationen dar.

Digitale Medien/ Material	• IWB
	• Tablets/Smartphones (Fotokamera)
	• Apps für Bildbearbeitung und Hinzufügen der Sprechblasen, z. B.:
	   ◦ Phraseit.net
	   ◦ Google speech bubble
	   ◦ PicSay Photo Editor

Vorbereitung	ggf. Installieren der App für die Bildbearbeitung auf den Tablets/Smartphones; Internetzugang
Zielgruppe	A1
Sprachliche Mittel	französische Begrüßungsformeln, sich vorstellen, nach dem Wohlbefinden fragen, sich verabschieden
Zeitbedarf	ca. 45 Minuten
Kompetenzbereich/ Lehrplanbezug	• die Aussage eines Bildes erkennen und versprachlichen • Schreib- und Sprechkompetenz trainieren
Achtung!	• Ggf. muss als Sprache der Apps Französisch eingestellt werden. • Einige der Apps verlangen ein Konto (Google speech bubble, PicSay Photo Editor).

Stundenverlauf

Phase	Unterrichtsverlauf	Sozialform
Einstieg	Als Erstes füllen die SuS die Tabelle auf dem Arbeitsblatt aus. Die Ergebnisse werden ans IWB projiziert. Im Plenum nennen die SuS ggf. weitere mögliche situationsbezogene Redewendungen auf Französisch.	Einzelarbeit/ Plenum
Erarbeitung	Zu dritt denken sich die SuS nun eine Situation aus, die mindestens zwei Ausdrücke aus der Tabelle auf dem Arbeitsblatt enthält. Die SuS überlegen, welche Personen sich treffen, und wo. Dann stellen die SuS die Situation nach und nehmen jeweils zwei digitale Fotos auf. Mithilfe der Apps werden Sprechblasen in die Fotos gezeichnet und die zur Situation passenden Redewendungen eingetragen. **Differenzierung:** Je nach Lernstand der Gruppe kann die Anzahl der Aufnahmen bzw. der Redewendungen erhöht werden.	Gruppenarbeit
Präsentation/ Sicherung	Die entstandenen Aufnahmen werden ans IWB projiziert. Alle SuS sollen nun die Bilder beschreiben: Wer trifft sich da wohl? Um was für eine Situation könnte es sich handeln? Wo könnten sich die Personen befinden?	Plenum

Nom:	Classe:

Fiche apprenant

Bonjour! Salut!

1. Fülle die Tabelle aus. Welche Redewendungen passen zu welcher Situation? Mehrere Antworten sind möglich.

> *Bonjour!*   *Coucou!*   *Je m'appelle … et toi?*   *Ça va bien!*   *A toute à l'heure!*   *Salut!*
> *Ça va?*   *Tu t'appelles comment?*   *Tu es d'où?*   *Allô?*   *Voilà …*   *Au revoir!*   *A plus!*
> *Merci!*   *A bientôt!*   *A demain!*   *C'est sympa!*   *Qui est-ce?*

Situation. Du bist in Frankreich …	Redewendung
Du besuchst einen Freund / eine Freundin.	
Dein Handy klingelt, die Nummer ist dir nicht bekannt.	
Du telefonierst mit einer Freundin und sagst, dass es dir gut geht.	
Du triffst deinen Französischlehrer / deine Französischlehrerin auf der Straße.	
Im Café fragst du einen Freund / eine Freundin, wie es ihm / ihr geht.	
Nach der Schule verabschiedest du dich von einem Freund / einer Freundin.	
Auf einer Party stellt dein Gastschüler / deine Gastschülerin dir einen Freund vor.	
Du verabschiedest dich von den Eltern eines Freundes / einer Freundin.	
Du hast Geburtstag. Ein Freund / eine Freundin schenkt dir etwas.	

2. Ihr arbeitet zu dritt: Erfindet eine Situation (Wer? Wo?), in der zwei Ausdrücke aus der Tabelle vorkommen. Stellt die Situation nach und macht zwei Fotos.

3. Verseht eure Fotos mit Sprechblasen und Ausdrücken auf Französisch, die zu eurer Situation passen. Für die Bildbearbeitung könnt ihr eine der folgenden Apps verwenden: Phraseit.net; Google speech bubble; PicSay Photo Editor.

4. Die Bilder werden nacheinander ans IWB projiziert. Beschreibt die Situationen der anderen Gruppen. Worum geht es hier? Wer spricht hier wohl miteinander (*Voilà …*)? Wo könnten sich die Personen befinden (*Ils / Elles sont à la / au / aux …*).

Cornelsen   Digital unterrichten – Französisch Lernjahr 1–4

Unterrichtsidee 1.2: Qu'est-ce que c'est? / Qui est-ce?

Stundenthema/ Kurzbeschreibung	Bildmotive erraten; Bilder beschreiben und interpretieren

Digitale Medien/ Material	• IWB
	• Tablets/Smartphones (Fotokamera)
	• Apps für vergrößerte Fotoaufnahmen, z. B.:
	  ◦ Instagram
	  ◦ ZoomZoom Okapi (App, die im Rahmen eines Ratespiels täglich drei Großaufnahmen bietet)

Vorbereitung	• ggf. Installieren der App auf den Tablets; Internetzugang • einige vergrößerte Bildausschnitte als Beispiele (etwa aus dem täglichen Okapi-Rätsel)
Zielgruppe	A1 – B1
Zeitbedarf	ca. 10 – 15 Minuten
Kompetenzbereich/ Lehrplanbezug	• Ergänzung, Wiederholung bzw. Sicherung thematischer Inhalte (wenn die Fotos bereits erlernte Themen aufgreifen) • Einführung einer neuen kulturellen Thematik (wenn auf den Fotos landestypische Motive zu sehen sind) • Sprechkompetenz
Achtung!	Instagram setzt eine Registrierung voraus.

Stundenverlauf

Phase	Unterrichtsverlauf	Sozialform
Einstieg	Die L zeigt mithilfe der oben genannten Apps vergrößerte Ausschnitte von Fotos. Die SuS versuchen zu erraten, was hier zu sehen ist. Dabei werden intensiv folgende Strukturen geübt: *Qu'est-ce que c'est? – C'est un/une...? Qui est-ce?* Im Anschluss wird das Originalfoto gezeigt und von SuS unter Einsatz entsprechender Redemittel beschrieben (*C'est un/un ... qui/que ...; à droite / à gauche / au milieu / au fond il y a / on voit ...*).	Plenum
Erarbeitung	Als Nächstes sollen die SuS nun selbstständig Motive aufnehmen. Dabei sollen sie darauf achten, dass die entsprechenden Vokabeln bereits bekannt sind. Die Fotos werden auf Instagram hochgeladen bzw. der L übermittelt (per E-Mail, Bluetooth, usw.).	Einzelarbeit
Präsentation/ Sicherung	Die Fotos werden nacheinander ans IWB projiziert. Die SuS sollen, wie oben beschrieben, die Fotoausschnitte erraten. Am Ende kann das beste Foto prämiert werden. **Differenzierung:** Je nach Gruppenlernstand kann zu Fotomotiven eine Geschichte erfunden werden (3–4 Sätze mündlich oder eine längere Geschichte schriftlich, siehe Unterrichtsidee „Einen Text gemeinsam schreiben: *Que s'est-il passé?*").	Plenum/ Einzelarbeit

Unterrichtsidee 1.3: Personen beschreiben: Moi et mon avatar

Stundenthema/ Kurzbeschreibung	Eine virtuelle Figur (Avatar) erstellen. Dieser sprechende Avatar kann sein/-e Autor/-in bzw. sich selbst vorstellen.
Digitale Medien/ Material	• IWB • Tablets/Smartphones • Apps zum Erstellen der virtuellen sprechenden Figuren (Avatare), z. B.: 　◦ Voki 　◦ My talking avatar • ggf. Diktierfunktion eines Handys/Smartphones/Tablets
Vorbereitung	• ggf. Installieren der App auf den Tablets; Internetzugang • Erstellen eines sprechenden Avatars
Zielgruppe	A1 – A2
Sprachliche Mittel	• sich und die anderen vorstellen • Redemittel zur Personenbeschreibung (Augen-, Haarfarbe, Körpergröße, Alter etc.) • Pronomen *son/sa/ses* • regelmäßige Verben auf *-er (porter, aimer, détester)* • unregelmäßige Verben *(être, avoir)*
Zeitbedarf	90 Minuten
Kompetenzbereich/ Lernziel	• die Mitschülerinnen und -schüler besser kennenlernen • Sprechkompetenz trainieren • aktives Hörverstehen trainieren
Achtung!	Voki setzt eine Registrierung voraus.

Stundenverlauf

Phase	Unterrichtsverlauf	Sozialform
Einstieg	Als Einstieg wird das Stundenthema *Moi et mon avatar* ans IWB projiziert. Im Plenum stellen die SuS Hypothesen darüber auf, was sie in der Stunde machen werden. Dann werden die Arbeitsblätter ausgeteilt und die Aufgabe Nr. 1 bearbeitet: *Un avatar? Qu'est-ce que c'est?* Die SuS schreiben ein Paar Schlüsselwörter auf, wobei sie Wörterbücher, gerne auch online, nutzen können. Sie erklären die Bedeutung dieser Begriffe. Schlüsselwörter können z. B. sein: *image d'une personne, virtuelle, fictive, graphique* etc. In Gruppen mit geringen Französischkenntnissen kann eine kurze Erläuterung des Begriffs auf Deutsch erfolgen. Die L zeigt exemplarisch einen Avatar und aktiviert die Sprechfunktion. Der Avatar beschreibt eine den SuS bekannte Person, ohne deren Namen zu nennen. Die SuS erhalten einen Fragebogen, den sie mithilfe der Aussage des Avatars beatworten sollen (Nr. 2 auf dem AB). Der Text könnte beispielsweise lauten wie folgt: *Bonjour,* *je voudrais vous présenter un homme / une femme. Il/Elle est petit(e)/grand(e). Il/Elle a les yeux bleus/marron/noirs/gris. Il/Elle a les cheveux blonds/noirs. Son visage est rond. Il/Elle est célibataire/marié(e). Il/Elle aime faire du ski, mais il/elle déteste jouer au foot. Il/Elle travaille comme professeur(e) dans notre collège. Il enseigne le français et les maths.* *Qui est-ce?* Die SuS erraten den Namen, dann vergleichen sie ihre Antworten auf dem AB (Nr. 2).	Plenum
Erarbeitung	Im nächsten Schritt erstellen die SuS ihre eigenen sprechenden Avatare mittels der genannten Apps. Der Text kann entweder eingetippt oder aufgenommen werden. Bei der Personenbeschreibung lassen die SuS den Namen/Vornamen (wie im Beispiel) weg. Am Ende wird die Frage *Qui est-ce?* gestellt. **Differenzierung:** Die L gibt vor, welche Personen beschrieben werden, beispielsweise: • SuS selbst • bekannte Persönlichkeiten aus Frankreich (falls diese im Unterricht bereits vorgestellt wurden und allen SuS bekannt sind) • bekannte Persönlichkeiten aus Deutschland (diese sollten den SuS ebenfalls bekannt sein) • Figuren aus einer Lektüre / einem Lehrwerk / einem im Unterricht besprochenen Text Die Anzahl der Sätze kann ebenfalls vorgegeben werden.	Einzelarbeit
Präsentation/ Sicherung	Die Avatare der SuS werden im Voki-Portal gespeichert bzw. der L per E-Mail als Link übermittelt. Sie werden der Lerngruppe vorgespielt. Diese soll nun erraten, wer hier vorgestellt wird.	Einzelarbeit/ Plenum

Nom:	Classe:

Fiche apprenant

Moi et mon avatar

1. Un avatar? Qu'est-ce que c'est? Note quelques mots-clés et explique à l'oral.

_____

_____

2. Regarde et écoute l'avatar créé par ton prof et réponds aux questions. | Schau und höre dem Avatar zu, den dein/-e Lehrer/-in erstellt hat. Beantworte die Fragen.

   a) Est-ce que l'avatar présente un homme ou une femme? _____

   b) Cette personne est petite ou grande? _____

   c) Cette personne a les yeux _____

   d) Cette personne a les cheveux _____

   e) Qu'est-ce que cette personne aime? _____

   _____

   f) Qu'est-ce que cette personne déteste? _____

   _____

   h) Qui est-ce? _____

3. Ouvre le site / l'application _____ | Öffne die Internetseite/App.

4. Crée ton avatar et enregistre ton texte d'après le modèle du professeur / de la professeure. | Erstelle deinen Avatar und nehme einen Text zur Personenbeschreibung auf, wie im Beispiel deines Lehrers / deiner Lehrerin.
   a) Parle de son apparence physique (la couleur des yeux et des cheveux, la taille …).
   b) Dis son âge.
   c) Parle de ce qu'il/elle aime, de ce qu'il/elle déteste.
   d) A la fin – pose la question « Qui est-ce? ».

5. Passe ton avatar animé à ton/ta professeur(e). | Übermittle deinen Avatar an deinen Lehrer / deine Lehrerin.

6. Regarde et écoute les avatars de tes camarades de classe. Qui sont les personnes? | Sieh und höre dir die Avatare deiner Klassenkameraden an. Um welche Personen handelt es sich?

Themenkomplex 2: Mit Audiodateien arbeiten

Unterrichtsidee 2.1: Créer un livre audio

Stundenthema/ Kurzbeschreibung	In Gruppenarbeit einen Text bzw. einen Dialog aus einem Lehrbuch / einer Lektüre als Hörbuch aufnehmen, dazu ggf. einen Umschlag erstellen.

Digitale Medien/ Material	• IWB
	• Hörbuchbeispiele (finden sich auf den gängigen Bücherportalen)
	• für Recherche: Suchmaschinen wie Bing, Google, Yahoo …
	• Diktiergerät eines Tablets/Smartphones/Handys bzw. Apps für die Aufnahme und weitere Bearbeitung des Hörbuchs (mit Letzteren kann man Effekte hinzufügen, die Abspielgeschwindigkeit ändern, in verschiedene Formate konvertieren), z. B.:
	  ◦ Audacity
	  ◦ GarageBand
	  ◦ Timbre
	• Apps zur Erstellung eines Umschlages, z. B.:
	  ◦ PosterMyWall
	  ◦ Inkscape
	  ◦ Canva
	  ◦ Vectr

Vorbereitung	ggf. Installieren des Diktiergerätes oder der Apps auf den Tablets; Internetzugang
Zielgruppe	A1 – B1 je nach Schwierigkeitsgrad des Textes
Sprachliche Mittel	besondere Merkmale eines Hörbuches
Zeitbedarf	• 60 Minuten – Textarbeit und Durchführung der Aufnahme in Gruppen • ggf. weitere 60 Minuten für die Umschlaggestaltung
Kompetenzbereich/ Lehrplanbezug	• Lesetraining • Aussprachetraining • ggf. kreative Text- und Bildgestaltung
Achtung!	• In den Apps sollte wenn möglich die französische Sprache eingestellt werden. • Einige der oben erwähnten Apps (PosterMyWall, Inkscape, Canva) verlangen ein Konto.

Stundenverlauf

Phase	Unterrichtsverlauf	Sozialform
Einstieg	Die L startet eine kurze Umfrage zum Thema „Hörbücher / *Livres audio*" (Nr. 1 AB): – *Tu aimes / Vous aimez les livres audio?* – *Quel livre audio as-tu / avez-vous écouté récemment?* In Einzelarbeit suchen SuS einige Beispiele im Internet, schauen sich diese an (Nr. 2 AB) und überlegen, welche Besonderheiten ein Hörbuch aufweist und wie es erstellt wird. Dabei können unter anderem folgende Punkte berücksichtigt werden: • Verteilung von Rollen • Vorbereitung der Aufnahme • Was ist beim Vortrag / der Sprechweise zu berücksichtigen? • Hinzufügen weiterer Klangelemente (Geräusche, Musik ...) • Wo soll die Aufnahme stattfinden? • Überprüfung der Aufnahme Dann bearbeiten die SuS Nr. 3 des Arbeitsblattes. Sicherung im Plenum. Je nach Leistungsstärke erhalten die Gruppen im nächsten Schritt Texte unterschiedlicher Niveaus. **Differenzierung:** Leistungsstärkere Gruppen können selbst Texte für die Aufnahme aussuchen, beispielsweise aus den neuen Lektionen des Lehrbuchs bzw. neuen Kapiteln der Lektüre.	Einzel- und Gruppenarbeit / Plenum
Erarbeitung	Es werden Arbeitsgruppen gebildet, deren Größe zur Art des Textes passt. Zum Beispiel können jeweils drei bis vier SuS einen kurzen Text bzw. einen Dialog aus dem Lehrbuch bzw. einer Lektüre übernehmen, je nach Ermessen der L. Jede Gruppe nimmt ihren Text als Hörbuch auf. Dabei sollen die Merkmale berücksichtigt werden, die vorher in Nr. 3 erarbeitet wurden. Sobald die Hörbücher fertig sind, können die Arbeitsgruppen ggf. mithilfe der oben genannten Apps passende Umschläge gestalten. Hier ein paar Tipps für die Umschlaggestaltung: • Der Umschlag soll Interesse wecken und die Hauptidee des Textes widerspiegeln. • Die Texthandlung kann durch Farbe, Objekte, Symbole bzw. Hauptfiguren vermittelt werden. • Ein Umschlag besteht aus Vorder- und Rückseite sowie dem Buchrücken, die eine gestalterische Einheit bilden. • Schrift, Bilder und Farben sollten passend kombiniert werden, um das Hörbuch für die Leserinnen und Leser attraktiv zu machen. • Der Hörbuchtitel sowie die Informationen zum Autor / zur Autorin bzw. zu den Sprecher/-innen sollten auf dem Umschlag sofort erkennbar und gut lesbar sein.	Gruppenarbeit
Präsentation/ Sicherung	Die Umschläge der Hörbücher werden ausgestellt. Die Hörbücher werden je nach zeitlichem Rahmen im Plenum bzw. individuell angehört. Dies kann z. B. auch in fünf Minuten am Ende bzw. am Anfang des Unterrichts über die nächsten Schulwochen hinweg erfolgen.	Plenum / Gruppen- und Einzelarbeit

Autorin: Maryna Bidenko. Digital unterrichten. Apps & Co. im Französischunterricht gezielt einsetzen.

Nom:	Classe:

Fiche apprenant

Ein Hörbuch erstellen | *Créer un livre audio*

1. Est-ce que tu aimes les livres audio? Quel livre audio as-tu écouté récemment? |
   Hörst du gerne Hörbücher? Welches Hörbuch hast du zuletzt gehört?
2. Cherche quelques exemples des livres audio sur Internet. Ecoute ces exemples. |
   Suche nach ein paar Beispielen für Hörbucher im Internet. Höre die Beispiele an.
3. Coche si les affirmations suivantes sont vraies ou fausses. | Kreuze an, ob die folgenden Aussagen
   richtig oder falsch sind.

Pour créer un livre audio il faut ...	vrai	faux
lire le texte d'une manière monotone.		
lire le texte et adapter ton intonation.		
respecter la ponctuation.		
enregistrer le texte sur ton smartphone/tablette/ordinateur/etc.		
noter le texte dans ton cahier.		
enregistrer quelques effets spéciaux (bruits, musique).		
enregistrer le texte dans un endroit calme.		
lire ton texte rapidement.		
réécouter ton enregistrement.		

4. En groupe de 3–4 personnes: vous recevez un texte resp. un dialogue. |
   In Gruppen von 3–4 Schülern: Ihr erhaltet einen Text bzw. einen Dialog.
5. Distribuez les rôles et enregistrez votre texte resp. votre dialogue sous forme d'un livre audio.
   Pensez aux idées de l'exercice n° 3. | Verteilt die Rollen und nehmt euren Text bzw. euren Dialog
   als Hörbuch auf. Denkt an die Hinweise aus Aufgabe 3.

   > Voici quelques outils pour créer votre livre audio:
   > Audacity; GarageBand; Timbre.

6. Facultatif: en mêmes groupes créez une couverture pour votre livre audio. |
   Zusatzaufgabe: Erstellt in der gleichen Gruppe einen Umschlag für euer Hörbuch.

   > Voici quelques outils:
   > PosterMyWall; Inkscape; Canva; Vectr.

7. Ecoutez les livres audio créés en classe. | Hört die erstellten Hörbücher im Klassenverband an.

Unterrichtsidee 2.2: Dictée atchoum

Stundenthema/ Kurzbeschreibung	Texte auf Französisch aufnehmen und als Diktat niederschreiben mit Rücksicht auf das individuelle Tempo der SuS.

Digitale Medien/ Material	• IWB
	• Tablets/Smartphones
	• Diktiergerät bzw. Audio-Apps (bei Letzteren können die Dateien weiterverschickt oder als Link geteilt werden bzw. sind online einige Zeit lang verfügbar), z. B.:
	  ◦ Vocaroo
	  ◦ Audioboom

Vorbereitung	ggf. Installieren der App auf den Tablets; Internetzugang
Zielgruppe	A1 – B1
Zeitbedarf	20 Minuten
Kompetenzbereich/ Lehrplanbezug	• Vorlesetechniken anwenden und trainieren • französische Aussprache und Rechtschreibung verbessern
Achtung!	• Die L sollte die Textlänge sowie die Anzahl der *atchoum*-Füllwörter bestimmen. • Für die Aufnahme ist ein ruhiger Ort einzuplanen. • Audioboom erfordert ein Konto.

Stundenverlauf

Phase	Unterrichtsverlauf	Sozialform
Einstieg	Zum Aufwärmen üben die SuS zusammen einen Zungenbrecher (Nr. 1 AB; weitere Beispiele finden sich etwa auf der Seite *Images et Langages*). Die L betont, dass die Aussprache für die folgende Aufgabe besonders wichtig ist.	Einzelarbeit/ Plenum
Erarbeitung	Mithilfe einer Audio-App bzw. eines Aufnahmegeräts nimmt jeder Schüler / jede Schülerin einen Text aus dem aktuellen Lehrbuch auf (Nr. 2 auf dem AB). Die Auswahl der Texte sowie die Textlänge wird von der L vorgegeben. Während der Aufnahme ersetzen die SuS ein paar Wörter durch *atchoum*. Wie häufig *atchoum* vorkommen darf (z. B. drei- bis viermal), wird von der Lehrkraft vorgegeben. Die Aufnahme wird an den Partner / die Partnerin weitergereicht (per Link im Fall der Audio-App, sonst per Bluetooth oder per E-Mail; Nr. 3 auf dem AB). Der Partner / die Partnerin schreibt den Text auf und fügt die Wörter ein, die durch *atchoum* ersetzt wurden (Nr. 4 auf dem AB). **Differenzierung**: Die Anweisung der L kann sich auf bestimmte Wortarten beziehen: So können beispielsweise Nomen, Adjektive oder Verben (usw.) durch *atchoum* ersetzt werden.	Einzel- und Partnerarbeit
Präsentation/ Sicherung	Die SuS tauschen ihre Niederschriften mit dem Partner / der Partnerin aus. Die Vorleser verbessern nun die Diktate und prüfen die *atchoum*-Füllwörter (Nr. 5 auf dem AB).	Partnerarbeit

Nom:	Classe:

Fiche apprenant

Dictée atchoum

1. Choisis un des virelangues suivants et prononce-le rapidement. |
   Suche einen der folgenden Zungenbrecher aus und sprich diesen schnell vor.

   • Suis-je chez ce cher Serge?

   • Je suis juché sur sa chaise.

   • Douze douches douces.

   • En haut la banane et en bas l'ananas.

   • La mouche rousse touche la mousse.

   • Que c'est crevant de voir crever une crevette sur la cravate d'un homme crevé dans une crevasse.

2. Lis le texte de la dictée et enregistre-le sur ton smartphone. Pendant la lecture remplace 3–4 mots par « atchoum ». | Lies den Diktattext vor und ersetze 3–4 Wörter durch *atchoum*. Nimm dich dabei mithilfe der Audio-App deines Smartphones auf.
   Alternativ: Enregistre ton texte sur le site Vocaroo ou Audioboom. | Für deine Aufnahme kannst du auch eine der folgende Online-Apps nutzen: Vocaroo; Audioboom.

3. En binômes: passe ton enregistrement à ton partenaire. | Partnerarbeit: Tausche die Aufzeichnung mit deinem Partner / deiner Partnerin.

4. Ecoute et note le texte de ton partenaire dans ton cahier et remplace les mots-« atchoum » par les mots qui conviennent. | Höre die Aufnahme deines Partners / deiner Partnerin an und schreibe den Text in dein Heft. Ersetze die *atchoum*-Füllwörter durch passende Ausdrücke.

5. En binômes: échangez vos textes écrits. Corrige la « dictée-atchoum » de ton partenaire. | Partnerarbeit: Tauscht eure Aufzeichnungen aus. Korrigiert eure Texte gegenseitig.

Themenkomplex 3: Mit Online-Tests und Umfragen arbeiten

Unterrichtsidee 3.1: Un peu de grammaire

Stundenthema/ Kurzbeschreibung	Übungen zur Vertiefung der grammatischen Lerninhalte. Interaktives Testverfahren zur individuellen Förderung nutzen.

Digitale Medien/ Material	• IWB
	• Tablets/Smartphones
	• ggf. Kopfhörer (beim Einsatz der Video- bzw. Audiodateien)
	• Apps/Webseiten zum Erstellen von Tests bzw. Quiz, z. B.:
	  ◦ Kahoot
	  ◦ Quizizz
	  ◦ Socrative

Vorbereitung	• Installieren der App auf den Tablets; Internetzugang
	• Fragebogen/Test/Quiz zur Vertiefung des ausgewählten Grammatikthemas mithilfe der angegebenen Apps/Webseiten erstellen:
	  ◦ Kahoot oder Quizziz: geschlossene Aufgabenformate (Multiple Choice, Richtig/Falsch, Zuordnungsaufgaben)
	  ◦ Socrative: geschlossene Aufgabenformate sowie halboffene und offene Aufgaben (Lückentexte, Kurzaufsätze) auch mit Ausdruckfunktion
	• je nach Bedarf können Bilder, Videodateien o. Ä. hinzugefügt werden
	• den SuS den Zugangscode mitteilen

Zielgruppe	A1 – B1
Zeitbedarf	ca. 15–20 Minuten
Kompetenzbereich/ Lehrplanbezug	• individuelle Lernstandserhebung • unmittelbares Feedback an die SuS
Achtung!	Bei den oben genannten Apps ist eine kostenfreie Registrierung erforderlich.

Stundenverlauf

Phase	Unterrichtsverlauf	Sozialform
Einstieg	An die Tafel wird beispielsweise eine Zeitform angeschrieben: Die SuS wiederholen kurz die Bildung und die Besonderheiten dieser Zeitform.	Plenum
Erarbeitung	Nach einer kurzen Einführung in die App erhalten die SuS einen Zugangscode. Dieser führt zum Fragebogen / zum Quiz, das sie bearbeiten sollen. Die SuS beantworten die Fragen eine nach der anderen. **Differenzierung**: Die Testlänge kann je nach Gruppenlernstand angepasst werden.	Einzelarbeit
Präsentation/ Sicherung	Die Ergebnisse werden den SuS unmittelbar im Anschluss mitgeteilt. Ggf. werden die Schwierigkeiten bzw. offene Fragen im Plenum besprochen.	Plenum

Unterrichtsidee 3.2: Eine Abstimmung durchführen: J'aime ou je n'aime pas …

Stundenthema/ Kurzbeschreibung	Über Musikvorlieben und Musikgeschmack sprechen. Mit Musik-Apps Zugang zur französischen Musik finden.

Digitale Medien/ Material	• IWB
	• Tablets/Smartphones
	• Apps/Webseiten zur Durchführung einer Umfrage, z. B.:
	  ∘ Doodle
	  ∘ QuizzYourSelf
	  ∘ Nearpod
	  ∘ SpeakUp
	  ∘ Mentimeter
	  ∘ 2Reply
	  ∘ Google Forms
	• Musik-Apps für die Musikauswahl beispielsweise:
	  ∘ Et en plus je chante en français
	  ∘ Spotify
	  ∘ Apple Music
	  ∘ Amazon Music
	  ∘ YouTube Music

Vorbereitung	• ggf. Installieren der App auf den Tablets; Internetzugang • ggf. Konto bei oben genannten Apps erstellen • Ausschnitte aus fünf französischen Liedern auswählen, die im Plenum vorgespielt werden • mittels einer der oben genannten Webseiten/Apps eine Umfrage zum Thema *Chansons françaises* bzw. zu den präsentierten Liedern erstellen und den SuS die Zugangsdaten kommunizieren • alternativ zu Musik-Apps können CDs mit französischer Musik verwendet werden (wie z. B. *FrancoMusiques* von Cornelsen) • ggf. CD-Player
Zielgruppe	A1
Sprachliche Mittel	• thematischer Wortschatz „Musik" • Wendungen wie *j'aime …, je n'aime pas /je déteste …, j'aime bien écouter …, mon genre musical préféré est …*
Zeitbedarf	ca. 20 Minuten
Kompetenzbereich/ Lehrplanbezug	• französische Musik bzw. Sänger/-innen kennenlernen • über Musikgeschmack sprechen
Achtung!	• Die oben genannten Apps bzw. Webseiten setzen eine Registrierung voraus (mit Ausnahme von Doodle, 2Reply und „Et en plus je chante en français"). • Die oben genannten Musik-Apps sind je nach Version kostenpflichtig.

Stundenverlauf

Phase	Unterrichtsverlauf	Sozialform
Einstieg	Zunächst wird Nr. 1 des Arbeitsblatts individuell bearbeitet. Anschließend wird im Plenum besprochen, welche französischen Sänger/-innen bzw. Musiker/-innen die SuS bereits kennen. • Welche französische Musik läuft aktuell im Radio? • Hat jemand ein französisches Lieblingslied? • Welche Musikstile hören die SuS am liebsten? Die Ergebnisse werden an der Tafel festgehalten.	Einzelarbeit/ Plenum
Erarbeitung	Nun werden kurze Ausschnitte (30–40 Sekunden lang) aus fünf Liedern nacheinander abgespielt (Nr. 2 auf dem AB). Wichtig ist, dass die Namen der Sänger/-innen und der Lieder ans Whiteboard projiziert werden, um den nächsten Schritt zu ermöglichen. Im Anschluss danach erhalten die SuS einen Link bzw. einen Zugangscode zur erstellten Umfrage und stimmen ab, welches Lied ihnen am besten gefällt (Nr. 3 auf dem AB). So entsteht eine Liste mit den Lieblingsliedern der Klasse. **Differenzierung:** Je nach Gruppe kann die Anzahl der Lieder verkürzt oder erweitert werden.	Plenum/ Einzelarbeit
Präsentation/ Sicherung	Sobald das Lieblingslied der Klasse laut Umfrage feststeht (Nr. 4 auf dem AB), wird dieses noch einmal gemeinsam angehört und näher analysiert (Nr. 5 auf dem AB). Die SuS beantworten die Fragen zum Titel bzw. zum Namen des Sängers / der Sängerin und schreiben den Refrain auf. Mithilfe der Wörterbücher (gerne auch online) wird der Refrain übersetzt. Die Kontrolle erfolgt im Plenum. Weitere Möglichkeiten sind: • bekannte Wörter aus dem Lied aufschreiben und anhand dieser Wörter einen Dialog/zwei bis drei Sätze verfassen • erlernte grammatische Strukturen im Text finden und unterstreichen • thematisches Wortfeld/Mindmap anlegen • Antonyme/Synonyme für bestimmte Wörter aus dem Lied heraussuchen (auch mit Wörterbuch) • die Satzanfänge des Liedtexts kreativ vervollständigen, zum Beispiel *Papa, où...* (Stromae, *Papaoutai*) oder *J'irai jusqu'au...* (Louane, *No*) • eine Choreografie zum Lied ausdenken • einen Videoclip drehen usw. Ausgewählte Beiträge (kreative Dialoge bzw. Choreografie/Videoclip) können der gesamten Klasse präsentiert werden.	Einzelarbeit/ Plenum

Nom:	Classe:

Fiche apprenant

Parlons de la musique: J'aime ou je n'aime pas …

1. a) Coche quelle musique est-ce que tu aimes. | Kreuze an, welche Musik dir gefällt.

   ☐ le rock   ☐ le pop   ☐ la musique classique   ☐ le jazz   ☐ le rap   ☐ l'électro

   b) Tu connais des chanteurs français? Ils s'appellent comment? |
   Kennst du französische Sänger/-innen? Welche? Welche?

   _____

   _____

   c) Tu connais des chansons françaises? Lesquelles? | Kennst du französische Lieder? Welche?

   _____

   _____

2. Ecoutez en classe cinq chansons proposées par le/la professeur(e). |
   Nun hört ihr zusammen fünf französische Lieder.

3. Ouvre le site / l'application _____ et participe
   au sondage sur ta chanson préférée. | Öffne die Internetseite / die App und stimme ab, welches
   Lied dir am besten gefällt.

4. Regardez le sondage tous ensemble. Quelle chanson est à la première place? |
   Schaut zusammen: Welches Lied steht auf Platz 1 der Umfrage?

   _____

5. Répondez aux questions suivantes sur la chanson n° 1. |
   Beantwortet die folgenden Fragen zum Lied Nr. 1:

   Le titre de la chanson est _____

   Le chanteur / la chanteuse s'appelle _____

   Le refrain de cette chanson est (notez les paroles) _____

   _____

   _____

   _____

Themenkomplex 4: Kollaboratives Arbeiten

Unterrichtsidee 4.1: Tabellen gemeinsam erstellen: Je fais mes courses en ligne

Stundenthema/ Kurzbeschreibung	Preise für Lebensmittel in Frankreich und in Deutschland vergleichen; kollaboratives Arbeiten an Tabellen.

Digitale Medien/ Material	• Tablets/Smartphones
	• Webseiten/Apps französischer und deutscher Supermärkte
	• Webseiten/Apps zum Erstellen von kollaborativen Vergleichstabellen, z. B.:
	  ◦ Google Tabellen
	  ◦ OffiDocs
	  ◦ Zoho
	  ◦ Framacalc

Vorbereitung	• Internetzugang • Anlegen einer kollaborativen Tabelle
Zielgruppe	A2
Sprachliche Mittel	• Wortfelder *produits alimentaires, nourriture* • Grammatikthemen *nombres, article partitif*, Mengenangaben, *comparatif/superlatif*
Zeitbedarf	ca. 60 – 90 Minuten
Kompetenzbereich/ Lehrplanbezug	• thematischen Wortschatz aufbauen und festigen • Vergleiche anstellen: grammatische Strukturen aufbauen und festigen
Achtung!	• Nicht alle französischen Supermärkte haben einen Onlineshop, der aus Deutschland angesehen werden kann. Dies muss vorher geprüft werden. • Als Sprache der App sollte Französisch eingestellt werden. • Google Tabellen und Zoho setzen eine Registrierung voraus.

Stundenverlauf

Phase	Unterrichtsverlauf	Sozialform
Einstieg	Die SuS sollen in Partnerarbeit Lebensmittel nach Oberbegriffen sortieren (Nr. 1 AB). Anschließend stellt je ein Team einen Oberbegriff samt dazugehörigen Lebensmitteln zur Kontrolle im Plenum vor. Die L betont die Verwendung von *de* bei Mengenangaben: *un litre/un kilo/une bouteille de…*	Partnerarbeit/ Plenum
Erarbeitung	Nach einer Internetrecherche (Nr. 2 AB) füllt jedes Arbeitspaar ein „Regal" aus der vorgegebenen kollaborativen Tabelle aus. Mithilfe der Webseiten bzw. Apps der französischen und deutschen Supermärkte werden nun drei Lebensmittel eingetragen. Auch die entsprechenden Preise für beide Länder werden notiert (Nr. 4 AB).	Partnerarbeit
Präsentation/ Sicherung	Im Anschluss stellt jedes Arbeitspaar sein Regal im Plenum vor und weist darauf hin, in welchem Land die genannten Lebensmittel günstiger oder teurer sind (Nr. 5 und 6 AB). **Differenzierung**: Zusätzlich können SuS Fragen der Nr. 7 und Nr. 8 auf dem Arbeitsblatt beantworten und vorstellen.	Plenum

Nom:	Classe:

Fiche apprenant

Je fais mes courses en ligne

1. En binômes, triez[1] cette liste des produits alimentaires selon les catégories suivantes.
   Utilisez le dictionnaire si nécessaire.

   [1] *trier* (ein)sortieren

> 1 kg de tomates, une baguette, un pot de yaourt, un melon, une courgette, une barquette
> d'escalope de dinde, une bouteille d'eau minérale, une barquette de steak haché, une barquette
> de filet de poulet, une bouteille de jus d'orange, une bouteille de coka, une boîte de fromage de
> chèvre, 1l de lait demi-écrémé, un paquet de pain de mie, une brioche

Fruits et légumes	Crèmerie	Boucherie et volaille	Pain et viennoiserie	Boissons

2. En binômes, cherchez des sites d'un supermarché français et d'un supermarché allemand.

3. En binômes, ouvrez la grille[1] collaborative et prenez un des rayons (fruits et légumes, crèmerie, boucherie et volaille, pain et viennoiserie, boissons, surgelés, poissonnerie, épicerie, etc.).

   [1] *la grille* Tabelle

4. Remplissez la grille de votre rayon avec les produits de votre choix et avec les prix en France et en Allemagne.

Exemple:

Rayon	Produit	Prix en France	Prix en Allemagne
Fruits et légumes	1 …	1 …	1 …
	2 …	2 …	2 …
	3 …	3 …	3 …

Nom:	Classe:

5. Comparez les prix des produits de votre catégorie en France et en Allemagne.
   Par exemple:

   Le/la/les _____ en France est/sont plus cher(s)/chère(s) qu'en Allemagne.

   Le/la/les _____ en France est/sont moins cher(s)/chère(s) qu'en Allemagne.

   Le/la/les _____ en France est/sont aussi cher(s)/chère(s) qu'en Allemagne.

6. Présentez vos résultats à la classe.

7. Devoir facultatif: répondez aux questions suivantes.

   a) Trouvez la boisson la moins chère en France et en Allemagne.

   La boisson la moins chère, c'est _____

   b) Trouvez la boisson la plus chère en France et en Allemagne.

   La boisson la plus chère, c'est _____

   c) Trouvez la confiture la plus exotique en France et en Allemagne.

   La confiture la plus exotique, c'est _____

   d) Trouvez les légumes les plus chers en France et en Allemagne.

   Les légumes les plus chers, ce sont _____

8. a) Devoir facultatif: En binômes: vous organisez une soirée-barbecue entre amis (pour
      5 personnes). Consultez le site d'un supermarché français et faites une liste des courses pour
      la fête. Le binôme-gagnant est celui qui fait la meilleur liste avec les produits alimentaires et
      boissons variés en quantité suffisante pour 5 personnes et dépense le moins d'argent.

   > Vous pouvez utiliser les applications de Google Tabellen, OffiDocs, Zoho ou Framacalc
   > pour faire vos listes.

   b) Travaillez sur la liste en collaboration (chaque partenaire travaille à partir de son
      smartphone/tablette/ordinateur pour compléter la même liste).

La liste des courses	Quantité	Prix par unité	Prix total
(…)	(…)	(…)	(…)

   c) Présentez vos résultats en classe.

Unterrichtsidee 4.2: Gemeinsam schreiben: Que s'est-il passé?

Stundenthema/ Kurzbeschreibung	Kurze französische Pressemitteilungen (*faits divers*) erweitern. An einem Text kollaborativ arbeiten.
Digitale Medien/ Material	• Tablets/Smartphones • Apps/Webseiten zum kollaborativen Schreiben, z. B.: 　◦ Quip 　◦ Google Docs 　◦ Framapad 　◦ MeetingWords • Apps zum Erstellen von QR-Codes, z. B.: 　◦ Unitag 　◦ fr-qr-code
Vorbereitung	• ggf. Installieren der App auf den Tablets; Internetzugang • Anlegen einer thematischen Seite in den oben genannten Apps/Webseiten; dort verfassen die SuS später ihre Texte • den SuS den Link kommunizieren, z. B. als QR-Code
Zielgruppe	A2–B1
Sprachliche Mittel	• Gebrauch von Konnektoren wie *d'abord, ensuite, puis, après, à la fin* festigen • weitere sprachliche Mittel werden von den SuS recherchiert bzw. aus dem Kontext erschlossen
Zeitbedarf	ca. 60 – 90 Minuten
Kompetenzbereich/ Lehrplanbezug	• mit französischen Originaltexten arbeiten • Leseverständnis trainieren • Texte um neue Informationen ergänzen • kreative Schreibtechniken anwenden
Achtung!	• Quip, Google Docs und Unitag setzen eine Registrierung voraus. • Es sollten Regeln für das gemeinsame Schreiben bzw. die kollaborative Zusammenarbeit festgelegt werden, z. B.: 　◦ Partnertexte werden mit Respekt behandelt (nicht gelöscht, ausgelacht usw.) 　◦ individuelles Schreibtempo wird toleriert usw.

Stundenverlauf

Phase	Unterrichtsverlauf	Sozialform
Einstieg	Nach einer Internetrecherche (5 – 10 Minuten, etwa auf den Online-portalen leparisien.fr, faitsdivers.org, lefigaro.fr) wird das Format der *faits divers* im Plenum besprochen: Welchen Regeln folgt diese Textsorte? Ggf. können französische und deutschsprachige Nachrichtenmeldungen verglichen werden. Ein Mini-Quiz (wie Nr. 2 auf dem Arbeitsblatt) kann als Ergebnissicherung verwendet werden. Dieses Quiz kann auch online angeboten werden (siehe Unterrichtsidee *Un peu de grammaire*).	Einzelarbeit/ Plenum

Erarbeitung	In Partnerarbeit suchen sich die SuS selbstständig eine Meldung aus und lesen sie. Die Verwendung der Wörterbücher (auch online) ist gestattet. Danach erweitern die SuS kreativ die Texte mit weiteren Details, etwa zu den Fragen: • *Qui?* • *Quand?* • *Où?* • *Quoi?* • *Pourquoi?* • *Que s'était-il passé la veille?* • *Que s'est-il passé le lendemain?* Die Ausarbeitung der Texte erfolgt mithilfe der genannten Apps / Webseiten kollaborativ in geteilten Dokumenten, sodass jeder Schüler seinen Beitrag einzeln schreibt, ohne mündlich mit dem Partner zu kommunizieren. Die Texte sollten je nach Lernniveau ca. 80 bis 100 Wörter umfassen. Am Ende ihrer Texte stellen die Autoren / Autorinnen drei inhaltliche Verständnisfragen. **Differenzierung:** Die Länge der neu verfassten Texte kann je nach Gruppenlernstand variieren. Weitere Möglichkeiten, die Texte der *faits divers* kollaborativ zu gestalten: • einen Titel eines *faits divers* vorgeben (beispielsweise *Des lettres d'amour centenaires trouvées à Paris*); dazu soll kollaborativ ein Text verfasst werden • einen Titel für den vorhandenen Artikel gemeinsam finden • das Porträt eines Protagonisten aus dem *faits divers* verfassen (dabei können das Aussehen, Alter, Vorlieben usw. beschrieben werden) • einen *faits divers* in ein Interview mit Beteiligten umwandeln • einen *faits divers* aus dem Schulalltag verfassen • usw.	Einzel-/ Partnerarbeit
Präsentation/ Sicherung	Die SuS tauschen die Texte untereinander aus (per Link / QR-Code, per Mail, als Vordruck). Jeder Schüler / jede Schülerin liest einen Text und beantwortet schriftlich die inhaltlichen Fragen. Die Autoren/Autorinnen korrigieren die Antworten zu ihren Texten.	Einzelarbeit

Nom:	Classe:

Fiche apprenant

Que s'est-il passé?

1. Consulte les sites des médias français (leparisien.fr, faitsdivers.org, lefigaro.fr) pour trouver des exemples de « faits divers ». Discute le phénomène en classe.

2. Lis les phrases suivantes et coche la bonne réponse.

   a) Le fait divers décrit:
       ☐ un évènement tragique.
       ☐ un évènement important dans la vie du pays.
       ☐ un évènement culturel.

   b) Le texte du fait divers est:
       ☐ court.
       ☐ long.
       ☐ mi-long.

   c) Le temps grammatical le plus souvent employé est:
       ☐ le présent.
       ☐ le passé composé.
       ☐ le futur composé.

2. En tandem, choisissez un fait divers. Lisez le texte. Utilisez le dictionnaire, si nécessaire.

3. Faites une liste avec des informations supplémentaires. Utilisez les questions suivantes.

   Qui? Quand? Où? Quoi? Pourquoi? Que s'était-il passé la veille? Que s'est-il passé le lendemain?

4. En tandem, écrivez votre nouvelle version de l'histoire d'une manière collaborative. Utilisez votre liste de l'exercice n° 3. Faites attention au temps grammatical et utilisez des mots comme « d'abord », « ensuite », « puis », « après », « à la fin ».

   > Vous pouvez travailler avec les sites / les applications suivants: Quip; Google Docs; Framapad; MeetingWords.

5. A la fin de l'histoire, posez trois questions sur le contenu de votre texte.

6. Redistribuez les textes.

7. Lisez les textes de vos camarades de classe et répondez aux questions.

8. Remettez vos réponses aux auteurs. Corrigez les réponses reçues.

Unterrichtsidee 4.3: Eine Klassenfahrt organisieren: Paris aux multiples visages

Stundenthema/ Kurzbeschreibung	Eine Klassenfahrt nach Frankreich (am Beispiel von Paris) mit virtuellen Tafeln vorbereiten; SuS in die Vorbereitung miteinbeziehen.

Digitale Medien/ Material	• IWB
	• Tablets/Smartphones
	• Webseiten/Apps für die kollaborative Textproduktion (virtuelle Tafeln, die alle Beiträge für alle sichtbar machen), z. B.:
	  ◦ Padlet
	  ◦ Linoit
	• Webseiten für die Recherche, z. B.:
	  ◦ familinparis.fr
	  ◦ parisinfo.com
	  ◦ tripadvisor.fr

Vorbereitung	• ggf. Installieren der Apps auf den Tablets; Internetzugang • Themen für die SuS vorbereiten und verteilen • eine Seite auf Padlet bzw. Linoit anlegen, auf der SuS zum Schluss ihre Texte veröffentlichen • den SuS den Link mitteilen
Zielgruppe	3. – 4. Lernjahr (A2 – B1)
Sprachliche Mittel	Beschreibung der Sehenswürdigkeiten
Zeitbedarf	ca. 40 – 60 Minuten
Kompetenzbereich/ Lehrplanbezug	• mit Originaltexten in der Fremdsprache arbeiten • gezielt nach Informationen suchen und diese aufbereiten • Schreibkompetenz trainieren • Sprechkompetenz trainieren
Achtung!	• Padlet und Linoit setzen eine Registrierung voraus. • Fotos und Texte werden auf Linoit getrennt voneinander gepostet.

Stundenverlauf

Phase	Unterrichtsverlauf	Sozialform
Einstieg	Zum Einstieg wird die gemeinsame Planung einer Klassenfahrt nach Frankreich, zum Beispiel nach Paris, angekündigt. Die SuS berichten über ihre persönlichen Erfahrungen (Nr. 1 – 2 Arbeitsblatt): • Wer war bereits in Paris? • Was wissen die SuS über Paris? • Welche dortigen Sehenswürdigkeiten kennen die SuS?	Einzelarbeit/ Plenum
Erarbeitung	Die SuS finden sich in Arbeitspaaren zusammen. Jedes Paar erhält eins der folgenden Themen (Nr. 3 auf dem AB): • *Sujet 1: Paris historique* • *Sujet 2: Paris sous-terrain* • *Sujet 3: Paris des jeunes* • *Sujet 4: Paris gastronomique*	Partnerarbeit

Erarbeitung	• *Sujet 5: Paris des artistes* • *Sujet 6: Paris moderne* • *Sujet 7: Paris technologique* • *Sujet 8: Paris au fil de l'eau* Diese Themen können nach Bedarf vervollständigt / geändert bzw. erweitert werden. Jedes Paar sucht eine zu seinem Thema passende Sehenswürdigkeit (Nr. 4 auf dem AB). Diese wird kurz kriteriengeleitet (*Qu'avez-vous choisi? / Pourquoi avez-vous choisi cela? / Adresse / Horaires / Tarifs pour les groupes scolaires*) auf den virtuellen Tafeln Padlet bzw. Linoit beschrieben (Nr. 5 auf dem AB). Die Arbeit mit dem digitalen Hilfsmittel ermöglicht, die Klassenfahrt einem breiteren Personenkreis vorzustellen, etwa Eltern oder Freunden. Die Vorbereitung ist transparenter und jederzeit für alle sichtbar. Bei Bedarf kann die virtuelle Tafel auch mit einem Kennwort geschützt werden. **Differenzierung:** Die Länge der Texte kann von der L festgelegt werden. Bei der Textproduktion können weitere Aspekte beziehungsweise Kriterien berücksichtigt werden, wie beispielsweise die Geschichte der Sehenswürdigkeiten (*l'histoire*) oder gegebenenfalls ihre Rolle / ihr Auftauchen in Filmen und Literatur (*le rôle dans la littérature, le cinéma*) usw. Die Beiträge auf Padlet/Linoit können im Laufe der Klassenfahrt als Tagebuch weitergeführt und mit weiteren Informationen und Tipps gefüllt werden.	Partnerarbeit
Präsentation/ Sicherung	Die auf Padlet/Linoit beschriebenen Sehenswürdigkeiten werden mündlich im Plenum vorgestellt (Nr. 7 auf dem AB). Nach der Klassenfahrt können die Beiträge im Rückblick analysiert werden. Sie können außerdem als Grundlage eines Feedbacks zur gemeinsam verbrachten Zeit dienen. Beispiele für mithilfe der virtuellen Tafeln kollaborativ erstellte Texte: 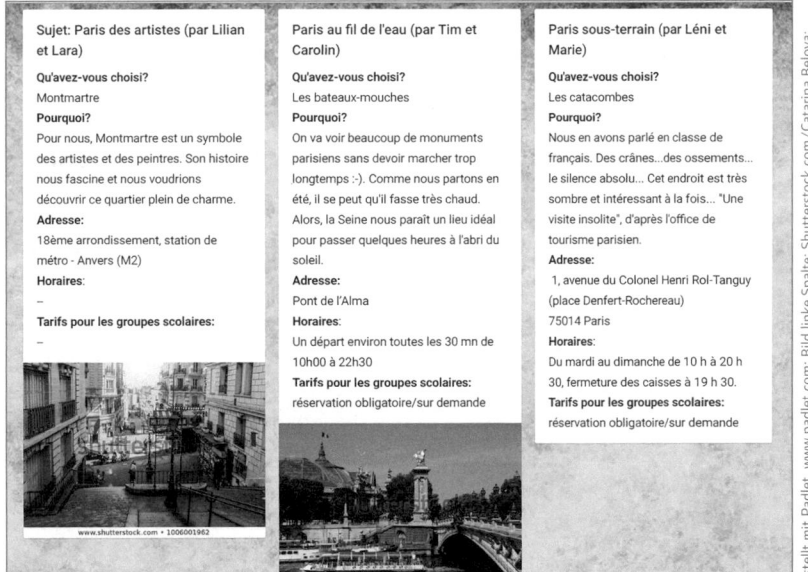	Plenum

erstellt mit Padlet, www.padlet.com; Bild linke Spalte: Shutterstock.com/Catarina Belova; Bild mittlere Spalte: Shutterstock.com/Pack-Shot

Nom:	Classe:

Fiche apprenant

Paris aux multiples visages

1. As-tu déjà visité Paris, la capitale de France? Parle de cette expérience. Tu peux utiliser les expressions suivantes.

   Je suis allé(e) en…   *J'ai visité…*   *J'ai vu…*   *J'ai mangé…*   *Ce voyage était…*

2. Nomme les monuments à Paris.

3. Pour notre voyage scolaire d'une semaine à Paris, nous allons élaborer notre programme ensemble. Travaillez en binômes. Chaque binôme reçoit un des sujets suivants.

   Sujet 1 Paris historique; **Sujet 2** Paris sous-terrain; **Sujet 3** Paris des jeunes; **Sujet 4** Paris gastronomique; **Sujet 5** Paris des artistes; **Sujet 6** Paris moderne; **Sujet 7** Paris technologique; **Sujet 8** Paris au fil de l'eau

4. En binômes, choisissez un monument / un musée / une activité et proposez-le à visiter avec la classe dans le cadre de votre sujet. Voici des critères pour vous aider à choisir le musée / le monument / l'activité:

Critères	oui	non
Ce monument m'intéresse beaucoup.		
Ce monument est facile à joindre par métro/bus/tram/à pied.		
Ce monument est ouvert pendant notre séjour à Paris.		
Le prix d'entrée correspond au budget prévu par le/la professeur(e).		

   Voici quelques sites pour vous aider: familinparis.fr, parisinfo.com, tripadvisor.fr

5. Décrivez sur le site Padlet/Linoit ce que vous avez choisi. La description doit contenir l'information suivante:
   - Qu'avez-vous choisi?
   - Pourquoi avez-vous choisi cela?
   - Adresse
   - Horaires
   - Tarifs pour les groupes scolaires

6. Insérez une photo pour présenter votre monument/musée/activité.

7. Ouvrez le site Padlet/Linoit et présentez votre travail à l'oral à la classe.

Autorin: Maryna Bidenko. Digital unterrichten. Apps & Co. im Französischunterricht gezielt einsetzen.

Cornelsen Digital unterrichten – Französisch Lernjahr 1–4

Unterrichtsidee 4.4: Texte mit Twine schreiben: L'histoire dont je suis le héro

Stundenthema/ Kurzbeschreibung	Interaktive, nicht-lineare Geschichten mit mehreren Fortsetzungsmöglichkeiten schreiben bzw. lesen.
Digitale Medien/ Material	• Tablets/Smartphones • Twine-Software, mit der die Erstellung der nicht-linearen Geschichten umgesetzt wird
Vorbereitung	• ggf. Installieren der App auf den Tablets; Internetzugang • eine Beispielgeschichte mit Twine exemplarisch vorbereiten, damit die SuS das Konzept besser nachvollziehen können (Beispiele gibt es auf der Twine-Seite).
Zielgruppe	A1–A2
Sprachliche Mittel	werden von der L vorgegeben
Zeitbedarf	90 Minuten
Kompetenzbereich/ Lehrplanbezug	• kreative Schreibtechniken anwenden • Leseverständnis trainieren
Achtung!	• Als Sprache der Anwendung sollte Französisch eingestellt werden. • Neben der Einführung in die Twine-Software sollte den SuS auch das Konzept der Wahlmöglichkeiten innerhalb einer Geschichte erläutert werden. • Momentan gibt es keine Möglichkeit, die Geschichten direkt auf der Twine-Seite online zu speichern. Sie müssen stets als HTML–Datei heruntergeladen werden. Zu diesem Zweck sollte eine Speichermöglichkeit vorgesehen werden.

Stundenverlauf

Phase	Unterrichtsverlauf	Sozialform
Einstieg	Zum Einstieg spielen die SuS ein Spiel der Alternativen (Nr. 1 auf dem AB). Die SuS sollen sich für eine Möglichkeit entscheiden und ihre Auswahl kurz begründen.	Plenum
Erarbeitung	Nun zeigt die L eine mit Twine-Software geschriebene Geschichte, die ebenfalls Alternativen enthält. Die SuS lesen den Text in Einzelarbeit und wählen die mögliche Fortsetzung der Geschichte (Nr. 2 auf dem AB). Bei der Geschichte kann es sich beispielsweise um ein bekanntes Märchen wie *Le Petit Chaperon rouge* handeln (kurz, einfach geschrieben, den SuS in der Grundstruktur bekannt). Dieser Text wird von der L exemplarisch als eine nicht-lineare Geschichte mit Alternativen aufbereitet. Die Geschichten in Twine werden in Form von „Passagen" geschrieben, die miteinander durch [[Wörter in Eckklammern]] verlinkt werden. Das Märchen *Le Petit Chaperon rouge* könnte demnach wie folgt erweitert werden:	Einzelarbeit/ Gruppenarbeit

Erarbeitung	*Il était une fois, une petite fille qui vivait dans [[un village]] / [[une grande ville]]* (->zwei Wahlmöglichkeiten).	Einzelarbeit/ Gruppenarbeit

a) Passage [[*une grande ville*]] wird ausgewählt:
   Ah non, c'est faux!
   Choisis encore une fois:
   La petite fille vivait dans [[un village]] / [[une grande ville]].

b) Passage [[*un village*]] wird ausgewählt:
   Un jour, sa grand-mère lui a donné [[un petit chaperon rouge]] / [[une paire de chaussures]] (->zwei weitere Wahlmöglichkeiten).

In der Twine-Software wird es wie folgt aufgebaut:

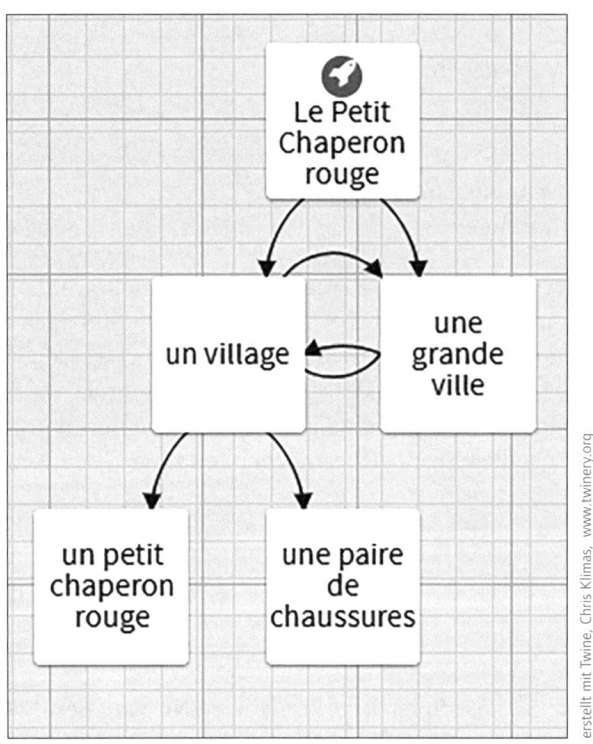

erstellt mit Twine, Chris Klimas, www.twinery.org

Im nächsten Schritt werden die SuS in Kleingruppen eingeteilt (ca. 3 Personen) und entwickeln selbst einfache Geschichten mit mehreren Verlaufsmöglichkeiten.
Die Twine-Software kann online bzw. offline verwendet werden.

Differenzierung:
• Es können Märchen / Texte aus dem Lehrbuch / einer Lektüre als Grundlage genommen und mit alternativen Details vervollständigt werden.
• Der Anfang einer Geschichte bzw. eine Situation und die Anzahl der Etappen (Passagen) werden allen Arbeitsgruppen vorgegeben.

Präsentation und Sicherung	Die SuS tauschen ihre Geschichten untereinander aus (per HTML-Datei, die sich online über die Twine-Webseite bzw. offline öffnen lässt) und spielen sie in Einzelarbeit durch.	Einzelarbeit/ Plenum

Nom:	Classe:

Fiche apprenant

Twine: L'histoire dont je suis le héro

1. Les alternatives. Qu'est-ce que tu préfères? Coche et justifie ta réponse. | Was magst du lieber? Kreuze an und begründe.

   a) ☐ la mer ☐ la pluie   e) ☐ les chats ☐ les chiens

   b) ☐ le jean ☐ le pantalon   f) ☐ le train ☐ la voiture

   c) ☐ l'école ☐ les vacances   g) ☐ les films ☐ les films
                                         d'horreur   romantiques

   d) ☐ les pommes ☐ les bananes h) ☐ les jeux vidéo ☐ les livres

2. Ouvre le site de Twine et lis le conte. Choisis à chaque fois la suite. | Öffne die Twine-Internetseite und lies die Geschichte. Wähle jeweils eine Fortsetzung.

3. En groupe de trois, créez une histoire d'après le modèle. | In Dreiergruppen: Erfindet eine Geschichte wie im Beispiel.

Voici quelques astuces pour créer une histoire non-linéaire:

1) Chaque passage d'une histoire non-linéaire contient au moins deux choix pour les lecteurs.
   Par exemple: *Le Petit Chaperon rouge vivait dans [[un petit village]] / [[une grande ville]].*

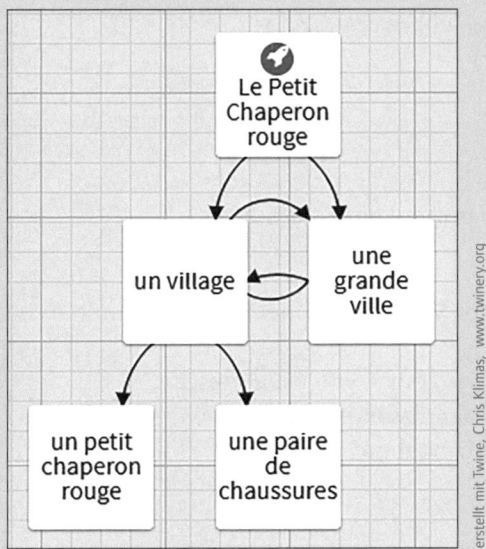

erstellt mit Twine, Chris Klimas, www.twinery.org

2) Chaque choix proposé au lecteur doit avoir une fin. Par exemple:
   Le Petit Chaperon rouge vivait dans
   a) *[[un petit village]]. / -> Un jour, sa grand-mère lui a donné [[un petit chaperon rouge]] /*
      [[une paire de chaussures]]. ->…
   b) *[[une grande ville]]. -> Ah non, c'est faux! Choisis encore une fois:*
      La petite fille vivait dans [[un village]] / [[une grande ville]].

Themenkomplex 5: Mit Wortsammlungen arbeiten

Unterrichtsidee 5.1: Wortwolken – Nous voilà

Stundenthema/ Kurzbeschreibung	Die eigene Familie auf Französisch vorstellen und mit den anderen SuS zusammenarbeiten.

Digitale Medien/ Material	• IWB
	• Tablets/Smartphones/Handy mit Diktierfunktion
	• Webseiten/Apps zum Erstellen der Wortwolken, z. B.:
	  ◦ Wortwolken
	  ◦ AnswerGarden
	  ◦ Mentimeter
	  ◦ Word Cloud Generator
	• Webseiten/Apps zum Erstellen eines Stammbaums:
	  ◦ Stammbaum Collage Maker / TreeFrame
	  ◦ MyHeritage (FamilyTreeBuilder)
	• Diktierfunktion eines Handys/Smartphones/Tablets
	• Kopfhörer

Vorbereitung	• ggf. Installieren der App auf den Tablets/Internetzugang • Foto einer Familie für den Einstieg • die SuS werden gebeten, digitale Fotos ihrer Familienmitglieder mitzubringen oder der L per Bluetooth bzw. E-Mail zuzuschicken
Zielgruppe	A1
Sprachliche Mittel	• Wortfeld *la famille* • Altersangaben machen • über Vorlieben sprechen • Pronomen *mon / ma / mes, ton / ta / tes*, ggf. *son / sa / ses* • regelmäßige Verben auf *-er (habiter, aimer, détester)* • unregelmäßige Verben *(être, avoir)*
Zeitbedarf	ca. 60 Minuten
Kompetenzbereich/ Lehrplanbezug	• sich und seine Familie vorstellen • die Mitschülerinnen und -schüler besser kennenlernen • Sprechkompetenz trainieren
Achtung!	• Artikel und Nomen werden in einer Wortwolke voneinander getrennt, deswegen Vokabeln ohne Artikel eintragen. • Bei MyHeritage und Mentimeter wird ein Konto vorausgesetzt. • Aus Zeitgründen wird der engere Familienkreis beschrieben. • Für die Aufnahme ist eine ruhige Umgebung vorzusehen.

Stundenverlauf

Phase	Unterrichtsverlauf	Sozialform
Einstieg	Ans IWB wird das Bild einer Familie projiziert. Die SuS benennen die Familienmitglieder und tragen die genannten Vokabeln in die App zum Erstellen von Wortwolken ein. Am Ende speichern alle SuS ihre Wortwolken bzw. drucken diese aus und heften sie im Portfolio ab. Beispiel Wortwolken-App: demi-frère maman papa grand-mère frère cousine cousin tante oncle soeur grand-père grands-parents demi-soeur *Zygomatic, Wortwolken.com* **Differenzierung:** Die Anzahl der Vokabeln wird entsprechend der Gruppenleistung angepasst (näherer Familienkreis oder erweiterte Familienmitglieder).	Einzelarbeit
Erarbeitung	Anhand der fertigen Wortwolken erstellen die SuS die Stammbäume ihrer eigenen Familie mit Hilfe von Apps wie z. B. Stammbaum Collage Maker. Im Stammbaum verwenden die SuS die Possessivpronomen *mon / ma / mes*. Ggf. fügen sie digitale Fotos ihrer Familienmitglieder ein. Die SuS beschreiben mithilfe des Stammbaums ihre Familien mündlich und zeichnen die Beschreibung mit einer entsprechenden Handyfunktion bzw. einem Diktiergerät auf (dies kann auch als Hausaufgabe aufgegeben werden). Für die Beschreibung erhalten die SuS einige Redemittel an die Hand (Nr. 3–5 AB).	Einzelarbeit
Präsentation/ Sicherung	Sobald die Stammbäume fertig sind, drucken die SuS diese aus und hängen sie im Klassenraum auf. Anschließend finden sich die SuS in Paaren zusammen und tauschen ihre Aufzeichnungen aus (per E-Mail, per Bluetooth usw.). Jeder soll sich die Audiodatei des jeweiligen Partners / der Partnerin anhören und den entsprechenden Stammbaum im Klassenzimmer finden. **Differenzierung:** In leistungsstärkeren Gruppen kann jeder Schüler / jede Schülerin den Stammbaum des Partners / der Partnerin vorstellen. Dabei werden weitere Redemittel zur Beschreibung eingeführt (Nr. 7 AB).	Gruppen- und Partnerarbeit

Nom:	Classe:

Fiche apprenant

Nous voilà!

1. Regarde la photo au tableau numérique. Comment s'appellent les membres de la famille en français? | Sieh das Foto am Whiteboard an. Wie nennt man die Familienmitglieder auf Französisch?

2. Crée un nuage de mots avec le vocabulaire de la famille. | Erstelle eine Wortwolke zum Wortfeld „Familie".

> Voici quelques outils | Hier ein Paar Apps zum Generieren einer Wortwolke:
> Wortwolken; Answergarden; Mentimeter; Wordcloud.

3. Crée ton arbre généalogique. | Erstelle einen Familienstammbaum.

> Voici quelques outils | Du kannst folgende Apps nutzen:
> Stammbaum Collage Maker-App / TreeFrame; MyHeritage (FamilyTreeBuilder).

4. Accroche ton arbre généalogique dans la salle de classe. |
Hänge deinen Stammbaum im Klassenzimmer auf.

5. Prends ton smartphone. Présente ta famille et enregistre ton discours. Voici quelques phrases pour t'aider. | Beschreibe deine Familie und nimm dich dabei mit dem Smartphone auf. Folgende Ausdrücke helfen dir.

Français	Deutsch
Voilà ma famille.	*Das ist meine Familie.*
Mon père / Ma mère / Ma sœur / Mon frère s'appelle …	*Mein Vater / Meine Mutter / Meine Schwester / Mein Bruder heißt …*
Il / Elle a … ans	*Er / Sie ist … Jahre alt.*
Il / Elle aime le / la / les …	*Er / Sie mag …*
Il / Elle habite à …	*Er / / Sie wohnt in …*
Il / Elle travaille. *Il / Elle ne travaille pas.*	*Er / Sie arbeitet.* *Er / Sie arbeitet nicht.*

Autorin: Maryna Bidenko. Digital unterrichten. Apps & Co. im Französischunterricht gezielt einsetzen.

Nom: Classe:

6. a) En binômes: échangez vos enregistrements. |
In Partnerarbeit: Tauscht die Aufzeichnungen aus.

b) Ecoute l'enregistrement reçu de la part de ton partenaire et trouve son arbre généalogique dans la salle de cours. | Höre die Aufzeichnung deines Partners / deiner Partnerin und finde seinen / ihren Stammbaum im Klassenraum.

7. Facultatif: présente la famille de ton partenaire à la classe. | Stelle die Familie deines Mitschülers / deiner Mitschülerin der Klasse vor.

Français	Deutsch
Voilà la famille de …	*Hier ist die Familie von …*
Son père / Sa mère / Sa sœur / Son frère s'appelle …	*Sein / Ihr Vater – Seine / Ihre Mutter – Seine / Ihre Schwester – Sein / Ihr Bruder heißt …*
Il / Elle a … ans	*Er / Sie ist … Jahre alt.*
Il / Elle aime le / la / les …	*Er / Sie mag …*
Il / Elle habite à …	*Er / Sie wohnt in …*
Il / Elle travaille. Il / Elle ne travaille pas.	*Er / Sie arbeitet. Er / Sie arbeitet nicht.*

Autorin: Maryna Bidenko. Digital unterrichten. Apps & Co. im Französischunterricht gezielt einsetzen.

Unterrichtsidee 5.2: Mindmap météo-vêtements-activités

Stundenthema/ Kurzbeschreibung	Mindmaps zur Wortschatzarbeit nutzen. Über das Wetter, Aktivitäten bei diesem Wetter und passende Kleidung sprechen.
Digitale Medien/ Material	• IWB • Tablets/Smartphones • Internetseiten/Apps für Wettervorhersage, z. B.: 　◦ meteociel 　◦ meteofrance 　◦ la chaîne météo • Suchmaschinen für Internetrecherche, z. B.: Bing, Google, Yahoo • Apps zum Erstellen einer Mindmap, z. B.: 　◦ Framindmap 　◦ Popplet 　◦ SimpleMind 　◦ M8! • Sicherung der Ergebnisse in einer Tabelle, z. B. mit: 　◦ Google Tabellen 　◦ OffiDocs 　◦ Zoho 　◦ Framacalc
Vorbereitung	• ggf. Installieren der App auf den Tablets; Internetzugang • Erstellen einer interaktiven Tabelle zur Sicherung der Ergebnisse am Ende der Arbeit (*Prénoms des acteurs / Dans quelle ville se passe la scène / Quel temps fait-il? / Activités prévues / Vêtements*)
Zielgruppe	A1 – A2
Sprachliche Mittel	• Wortfelder *la météo, les activités, les vêtements* • Verbformen im Präsens und im *futur composé* • Strukturen wie *il fait beau / il fait chaud* • Verben *porter, mettre, faire*
Zeitbedarf	ca. 60 – 90 Minuten
Kompetenzbereich/ Lehrplanbezug	• Wetter-Piktogramme / Legende auf Französisch verstehen bzw. deuten • Vorwissen aktivieren und festigen • thematischen Wortschatz erarbeiten und vertiefen • Sprechkompetenz trainieren
Achtung!	• Als Sprache der Apps sollte Französisch eingestellt werden. • Framindmap, Popplet, Google Tabellen und Zoho setzen eine Registrierung voraus.

Stundenverlauf

Phase	Unterrichtsverlauf	Sozialform
Einstieg	Die L führt in das Thema mit Fragen ein: *Quel temps fait-il aujourd'hui? Quels vêtements est-ce que vous portez? Qu'est-ce que nous pouvons faire comme activité aujourd'hui?* Die SuS beschreiben das Wetter und ihre Kleidung. Außerdem überlegen sie, was sie bei diesem Wetter machen könnten (Nr. 1 AB).	Plenum
Erarbeitung	Nach einer kurzen Einführung in die Mindmap-App werden die SuS in drei Gruppen aufgeteilt. Jede Arbeitsgruppe erhält eines der Themen *météo*, *vêtements* oder *activités* und erstellt eine Mindmap dazu. Die fertigen Mindmaps werden ans IWB projiziert, sodass die gesammelten Ideen/Vokabeln von allen SuS verwendet werden können. Alternativ können sie als Link geteilt oder ausgedruckt werden (Nr. 2 AB). Im Anschluss beschreiben die SuS in Partnerarbeit die Wetterlage in unterschiedlichen Städten Frankreichs. Einige Paare stellen ihre Ergebnisse im Plenum vor (Nr. 3 AB). Im nächsten Schritt und als Vorbereitung eines Rollenspiels erstellen die SuS eine Liste mit Aktivitäten, die bei der aktuellen Wetterlage in der Stadt ihrer Wahl möglich sind (Nr. 4 auf dem AB). Ebenfalls in Partnerarbeit bereiten die SuS Dialoge vor, in denen sie sich über ihre Pläne für dieses Wochenende unterhalten. Dabei erwähnen sie das Wetter, die geplanten Aktivitäten und die passende Kleidung (Nr. 5 auf dem AB). Die SuS haben jederzeit Zugriff zu den erstellten Mindmaps (am IWB, per Link oder ausgedruckt). **Differenzierung:** Der Umfang der Mindmaps kann variieren: Zum Beispiel kann vorgegeben werden, dass sie eine Anzahl von mindestens 15 Begriffen enthalten sollen, oder 5 unterschiedliche Verben, 10 Nomen und 5 Adjektive usw. Der Inhalt kann z. B. auch um Bilder und Videos erweitert werden. Begriffe können übersetzt werden.	Plenum/ Gruppenarbeit/ Partnerarbeit
Präsentation/ Sicherung	Die SuS spielen ihre Dialoge vor. Das Publikum wird in drei Gruppen eingeteilt. Es wird die im Voraus von der L vorbereitete kollaborative Tabelle (Nr. 6 AB) aufgerufen: • Gruppe Nr. 1 notiert die Namen der SuS, die Stadt, in der das Rollenspiel stattfindet, sowie Ausdrücke das Wetter betreffend. • Gruppe Nr. 2 notiert Ausdrücke bezüglich der Aktivitäten. • Gruppe Nr. 3 notiert Ausdrücke bezüglich der Kleidung. Am Ende fassen die drei Gruppen ihre Ergebnisse im Plenum zusammen (Nr. 7 AB).	Gruppenarbeit/ Plenum

Nom:	Classe:

Fiche apprenant

Météo-vêtements-activités

1. En classe, répondez aux questions suivantes à l'oral. | Im Klassenverband: Beantwortet die folgenden Fragen.
   a) Quel temps fait-il aujourd'hui?
   b) Quels vêtements est-ce que vous portez?
   c) Qu'est-ce que nous pouvons faire comme activité aujourd'hui?

2. Formez trois groupes. Chaque groupe fait une carte mentale d'un des sujets suivants. | Teilt euch in drei Arbeitsgruppen auf. Jede Gruppe erstellt eine Mindmap zu einem der folgenden Themen.

Groupe	groupe 1	groupe 2	groupe 3
Sujet	la météo	les vêtements	les activités

> Utilisez une des applications suivantes pour créer la carte mentale. | Erstellt eine Mindmap.
> Ihr könnt eine der folgenden Apps nutzen:
> – Framindmap
> – M8!
> – Popplet
> – SimpleMind

3. En binômes, consultez un site météo. Choisissez une ville en France et présentez la météo dans la ville de votre choix. | In Partnerarbeit: Sucht nach Wetterberichten im Internet. Sucht eine Stadt in Frankreich aus und stellt das Wetter in der Stadt eurer Wahl vor.

> Voici quelques sites météo: meteociel.fr; meteofrance.fr; lachainemeteo.com

> *Aujourd'hui, à … il fait … Il y a …*

4. Toujours en binômes, cherchez sur Internet les activités à pratiquer dans la ville de votre choix. Faites une liste. | In Partnerarbeit: Sucht im Internet nach Aktivitäten, denen man in der Stadt eurer Wahl nachgehen kann. Erstellt eine Liste.

5. Faites un jeu de rôle. Préparez un dialogue d'après le schéma suivant et jouez devant la classe. Utilisez le vocabulaire des cartes mentales du n° 2. | Rollenspiel: Bereitet einen Dialog nach den folgenden Vorgaben vor und spielt vor der Klasse. Verwendet die in Nr. 2 erstellten Mindmaps.

> La situation: C'est le week-end. Le partenaire **A** est en France, à _____
> (ville de votre choix) dans sa famille d'accueil. Avec son correspondant / sa correspondante (**B**), vous discutez de ce que vous allez faire ce week-end.

Nom:	Classe:

Le déroulement du dialogue en Français	Dialogverlauf auf Deutsch
Salutation	Begrüßung
Discutez de la météo dans votre ville ce week-end: *Samedi, il fait / il va faire …* *Dimanche, il fait / il va faire …* *Le matin / l'après-midi / le soir, il …*	Sprecht darüber, wie das Wetter an diesem Wochenende in eurer Stadt sein wird: Am Samstag wird … Am Sonntag wird … Morgens/nachmittags/abends …
Discutez de ce que vous pouvez faire par ce temps: *On peut (nous pouvons) faire du / de la / de l' …*	Besprecht, was ihr bei diesem Wetter unternehmen könnt.
Discutez des vêtements que vous allez mettre pour faire ces activités par ce temps. *Je mets / je vais mettre …*	Besprecht, welche Kleidung am besten zu euren Aktivitäten und dem angekündigten Wetter passt.
Mettez-vous d'accord.	Einigt euch.

6. Formez trois groupes. Ecoutez les dialogues de vos camarades de classe et remplissez la grille collaborative preparée par votre professeur(e). | Bildet drei Gruppen. Hört den Dialogen eurer Mitschüler/-innen zu und füllt die von der L erstellte kollaborative Tabelle aus.

Groupe 1	Groupe 1	Groupe 1	Groupe 2	Groupe 3
Prénoms des acteurs	Dans quelle ville se passe la scène?	Quel temps fait-il?	Activités prévues	Vêtements
…	…	…	…	…

7. A la fin, les groupes résument les dialogues à l'oral par leurs catégories. | Die Gruppen fassen die Dialoge mündlich nach Themen zusammen.

Themenkomplex 6: Mit Videos/Filmen arbeiten

Unterrichtsidee 6.1: Online einen Kurzfilm erstellen: Quel cinéma!

Stundenthema/ Kurzbeschreibung	Einen Film / eine Fernsehserie schriftlich nacherzählen; mithilfe einer App einen Kurzfilm erstellen; in einer Umfrage Filme von Mitschülern / Mitschülerinnen bewerten.

Digitale Medien/ Material	• IWB
	• Tablets / Smartphones
	• Webseiten mit Filmplakaten (Einstieg), z. B.:
	  ◦ allocine.fr
	  ◦ pinterest.fr
	  ◦ senscritique.com
	• App zur Erstellung des Kurzfilms: autograf.arte
	• Apps zur Erstellung der finalen Umfrage, z. B.:
	  ◦ Answergarden
	  ◦ Doodle
	  ◦ Google Forms
	  ◦ Mentimeter
	  ◦ Nearpod
	  ◦ QuizzYourSelf
	  ◦ SpeakUp
	  ◦ 2Reply

Vorbereitung	• Internetzugang • drei bis vier Filmplakate für den Einstieg vorbereiten. Mindestens ein Plakat sollte einen französischen Film zeigen. Die Filme sollen den SuS bekannt sein, damit sie den nächsten Schritt im Stundenverlauf umsetzen können. • eine E-Mail-Adresse für die Filmsammlung erstellen oder freigeben • eine Umfrage zu den besten Filmen erstellen
Zielgruppe	A1 – B1
Sprachliche Mittel	• Wortfeld *cinéma* • Redemittel zur Beschreibung von Thema, Situation, Handlung, Zeit und Ort, Figuren • Meinungsäußerung: *je pense que …; à mon avis …; je crois que …*
Zeitbedarf	ca. 45 Minuten
Kompetenzbereich/ Lehrplanbezug	• Schreibkompetenz trainieren • eigene Meinung äußern
Achtung!	• Der Link zu den erstellten Kurzfilmen wird an eine Mailadresse verschickt. Diese kann extra für das Projekt angelegt werden. • Die Filme werden von einem ARTE-Moderationsteam freigegeben. Die Freigabe dauert einige Minuten. Die Sichtung kann daher ggf. in der nächsten Sitzung erfolgen. • Es bietet sich an, die Umfrage im zweiten Schritt fertigzustellen, sobald die SuS ihre Filme fertiggestellt haben und der L die Titel kommunizieren können. • Google Forms, Mentimeter, Nearpod, QuizzYourSelf und SpeakUp setzen eine Registrierung voraus.

Stundenverlauf

Phase	Unterrichtsverlauf	Sozialform
Einstieg	In Einzelarbeit und anschließend im Plenum besprechen die SuS, welche Art von Film sie besonders mögen. Am IWB werden drei bis vier Filmplakate gezeigt. • Welche Filme kennen die SuS? • Welche davon kommen aus Frankreich? Die SuS fassen einen der Filme mündlich zusammen (Nr. 1–3 auf dem AB).	Plenum
Erarbeitung	Die SuS arbeiten in Paaren online mit der Seite autograf.arte (Nr. 4 AB). Dort fassen sie ihren Lieblingsfilm / ihre Lieblingsserie in 8–9 Sätzen zusammen. Die Nutzung der Wörterbücher (auch online) ist gestattet. Der Kurzfilm wird anschließend automatisch erstellt.	Partnerarbeit
Präsentation/ Sicherung	Nach der Freigabe der Filme durch ARTE sind die Mini-Filme öffentlich zugänglich. Sie werden nun im Plenum präsentiert. Die SuS bewerten die Zusammenfassungen in einer Tabelle in ihrem Heft (Nr. 6 AB) und stimmen in einer vorbereiteten Umfrage über ihre Lieblingsfilme ab (Nr. 7 AB). Je nachdem, welche App für die Umfrage verwendet wird, können die Ergebnisse direkt eingetragen werden (Answergarden) oder aus einer im Voraus vorbereiteten Liste ausgewählt werden (Doodle). **Differenzierung:** Zusätzlich können die SuS mündlich ihre Auswahl der besten Filme begründen (Nr. 8 auf dem AB). **Weiterführende Ideen:** Die Bewertung der Zusammenfassungen kann schriftlich erfolgen. Die Kurzfilme können ohne Titel gezeigt werden. Die SuS sollen raten, welcher Film gemeint ist. Die besten Zusammenfassungen können als Mindmaps (gerne auch online oder im Heft) dargestellt werden. Die besten Zusammenfassungen können von den SuS szenisch dargestellt werden.	Plenum

Nom:	Classe:

Fiche apprenant

Quel cinéma!

1. Quel genre de film est-ce que tu aimes? | Welche Art von Filmen gefällt dir?

☐ le drame   ☐ la comédie   ☐ le thriller   ☐ le film d'action

☐ le film fantastique   ☐ le film d'horreur   ☐ le polar[1]

[1] le polar *Krimi*

2. Regarde les affiches des films au tableau numérique. Quels films est-ce que tu connais? Y a-t-il des films français? | Schau die Filmplakate auf dem Smartboard an. Kennst du diese Filme? Sind Filme aus Frankreich dabei?

3. Peux-tu résumer à l'oral un des films affichés? | Kannst du einen der vorgestellten Filme zusammenfassen?

> *Ce film parle de … / L'action se passe à … / Le personnage principal est …*
> *D'abord … ensuite … à la fin …*

4. a) En tandem: Ouvrez le site autograf.arte. Cliquez sur « créer ». | In Partnerarbeit: Öffnet die Seite autograf.arte. Klickt *créer* an.

   b) Pensez au film que vous allez résumer et cliquez sur « Générer un autograf ». | Überlegt euch, welchen Film ihr zusammenfassen wollt und klickt *Générer un autograf* an.

   c) Notez le titre de votre film et validez. | Schreibt den Filmtitel auf und bestätigt durch *valider*.

   d) Faites le résumé de votre film en 8–9 phrases (Qui? Quand? Comment? Où?) et validez. | Schreibt eine kurze Zusammenfassung des Films: 8–9 Sätze (Wer? Wann? Wie? Wo?).

   e) Entrez votre nom et le mél preparé de votre professeur(e). | Gebt euren Namen an sowie die Mailadresse, die ihr von eurem Lehrer / eurer Lehrerin erhalten habt.

5. En classe: regardez les films de vos camarades de classe. | Im Plenum: Schaut die Kurzfilme eurer Klassenkameraden an.

Nom:	Classe:

6. Remplissez la grille dans vos cahiers et attribuez à chaque critère d'évaluation des points de 1 à 10 (la meilleure note). | Übertragt die Tabelle ins Heft und bewertet die Kurzfilme mit Punkten von 1 bis 10 (die Bestnote).

Nom du film/groupe	Film connu	J'ai bien compris l'histoire	Ça me plait	Totalité des points
…	…	…	…	…

7. Ouvrez le lien préparé par votre professeur(e) et écrivez les titres de vos trois films préférés. | Öffnet den Link, den ihr von eurem Lehrer / eurer Lehrerin bekommt, und tragt die Titel eurer drei Lieblingsfilme ein.

8. Facultatif: expliquez votre choix à l'oral. | Begründet mündlich eure Filmwahl.

A mon avis …	Je crois …	Je pense …

+	c'est un film génial / drôle / bien construit / original / inoubliable /…
−	c'est un film plein de clichés / nul / stupide / mal joué / trop long /…

Unterrichtsidee 6.2: Videos mit Fragebogen hinterlegen: Régions françaises

Stundenthema/ Kurzbeschreibung	Französische Regionen kennenlernen. Kurzfilme/Reportagen mit Fragebögen bearbeiten.

Digitale Medien/ Material	• Tablets/Smartphones
	• Kopfhörer
	• Apps zum Erstellen begleitender Fragebögen zu Filmen/Reportagen/Erklärvideos (diese werden ebenfalls in den Apps angeboten), z. B.:
	  ◦ PlayPosit
	  ◦ Edpuzzle

Vorbereitung	• ggf. Installieren der App auf den Tablets; Internetzugang • thematisch relevanten Kurzfilm/Reportage in einer der genannten Apps aussuchen • Fragebogen zum Videomaterial entwerfen (geschlossene bzw. offene Aufgabenformate) • den SuS den Zugangscode mitteilen
Zielgruppe	A1 – B1
Sprachliche Mittel	eine französische Region beschreiben: Lage, Klima, Landschaft, Sehenswürdigkeiten, Spezialitäten
Zeitbedarf	ca. 10 – 20 Minuten
Kompetenzbereich/ Lehrplanbezug	• aktives Hörverstehen trainieren • Leseverstehen mittels Fragebogen/Quiz trainieren • individuelles Arbeitstempo fördern • schnelle Rückmeldung sichern
Achtung!	Die Nutzung der oben genannten Apps bzw. digitalen Angebote setzt eine Registrierung voraus.

Stundenverlauf

Phase	Unterrichtsverlauf	Sozialform
Einstieg	Die SuS sprechen darüber, welche französischen Regionen sie kennen und wo sie bereits waren.	Plenum
Erarbeitung	Im Anschluss erhalten die SuS einen Zugangslink zum thematisch passenden Video, das vorher von der Lehrkraft mit Fragen aufbereitet wurde. Die SuS schauen das Video an und beantworten die Fragen in den dafür vorgesehenen Aufnahmepausen.	Einzelarbeit
Präsentation/ Sicherung	Nach jeder Quizfrage erhalten die SuS unmittelbar die Rückmeldung, ob ihre Antwort richtig oder falsch war. Wenn die Zeit es zulässt, können sich die SuS ihre verschiedenen Regionen in Partnerarbeit gegenseitig vorstellen.	Einzel-/ Partnerarbeit

Unterrichtsidee 6.3: Einen Film drehen: Imitations

Stundenthema/ Kurzbeschreibung	Ein Drehbuch erstellen und anschließend einen Film mit dem Handy drehen.

Digitale Medien/ Material	• IWB
	• Tablets/Smartphones
	• Videokamera
	• Apps für die Filmaufnahme, z. B.:
	  ◦ VivaVideo
	  ◦ Instashot
	  ◦ VideoStar
	  ◦ PowerDirektor
	• ggf. Apps zum Bewerten eines Films wie in der Unterrichtsidee *Quel cinéma*

Vorbereitung	• ggf. Installieren der App auf den Tablets; Internetzugang • die SuS lesen im Plenum bzw. als Hausaufgabe einen Text / eine Kurzgeschichte • nach der Lektüre reduzieren sie die Geschichte auf die Grundstruktur der Handlung
Zielgruppe	A2 – B1
Sprachliche Mittel	vom Text / der Lektüre abhängig
Zeitbedarf	ca. 120 Minuten
Kompetenzbereich/ Lehrplanbezug	• mit fremdsprachlichen Texten arbeiten • Grundstruktur eines Textes herausarbeiten • Schreibkompetenz trainieren • Sprechkompetenz trainieren
Achtung!	• Die Nutzung der oben genannten Apps bzw. digitalen Angebote setzt eine Registrierung voraus. • Nach den Dreharbeiten werden ein bis zwei Freiwillige pro Gruppe ausgewählt, die den Film schneiden.

Stundenverlauf

Phase	Unterrichtsverlauf	Sozialform
Einstieg	Zum Einstieg wird ein Text / eine Kurzgeschichte gelesen. Danach werden die SuS in Gruppen von 3–4 Personen eingeteilt. Die L bestimmt weitere Vorgaben, wie die Länge des Films (ca. 3 Minuten) und das Filmgenre (Dokumentation, Kurzfilm, Werbespot usw.). Dann beginnt die Arbeit am Drehbuch.	Einzel- und Gruppenarbeit

Erarbeitung	Zuerst reduzieren die SuS die Geschichte auf die wesentliche Handlung. Sie entfernen alle Details, Namen und Beschreibungen und erstellen so ein „Grundgerüst". Wichtig ist, dass keine Details von der Originalgeschichte übernommen werden dürfen (siehe Beispiel *„Le Petit Chaperon rouge* / Rotkäppchen" unter Nr. 1 auf dem AB).	Gruppenarbeit
	Wenn die Grundbausteine stehen, werden diese mit eigenen Ideen und Details gefüllt (siehe Beispiel zu Aufgabe 2 auf dem AB). Mithilfe dieser neuen Informationen wird im Anschluss ein Drehbuch erstellt (Nr. 2 auf dem AB) sowie ein Film gedreht (Nr. 3 auf dem AB). Alternative: Vor der Ermittlung der Grundbausteine bzw. als Erweiterung kann mit den SuS auch über Erzählmodelle reflektiert werden. Aus welchen Elementen besteht eine Erzählung bzw. wie kann diese aufgebaut werden?	
	• *cadre de l'histoire (époque, lieu de personnages)*	
	• *evènement inattendu (rencontre, découverte)*	
	• *résolution*	
	• *fin (heureuse ou malheureuse)*	
	Hier auch einige Tipps für eine erfolgreiche Filmproduktion:	
	• Die technische Ausstattung sollte im Vorfeld überprüft beziehungsweise zur Verfügung gestellt / gegebenenfalls geliehen werden.	
	• Die Rollen beziehungsweise die Verantwortlichen in der Arbeitsgruppe sollten von Anfang an klar definiert werden: Welche SuS sind Schauspieler, wer führt Regie, wer kümmert sich um Bühnenbild und Maske bzw. Requisiten, welche SuS filmen und welche SuS schneiden schließlich den Film.	
	• Jedes Team sollte einen internen Drehplan erstellen, mit den Angaben zu Drehterminen, Drehorten, Requisiten, Ausstattung usw.	
	• Nachdem das Team ein Drehbuch erstellt hat, sollte jedes Mitglied eine Vorlage davon erhalten.	
	• Es sollte ggf. geprüft und an die SuS kommuniziert werden, an welchen Orten und zu welchen Uhrzeiten gedreht werden darf. Für diese Zwecke wird auch ein Zeitplan erstellt. Dieser Zeitplan sollte ggf. intern in der Schule kommuniziert werden.	
	• Die Beaufsichtigung der SuS während der Dreharbeiten sollte organisiert werden.	
	• Ist der Film für einen breiteren Zuschauerkreis bestimmt (Tag der offenen Türen / öffentlicher Wettbewerb / usw.), sollte die entsprechende Erlaubnis der Erziehungsberechtigten zum Anfang des Projektes vorliegen.	
Präsentation/ Sicherung	Die fertigen Filme werden im Plenum vorgestellt. **Weitere mögliche Aufgaben:**	Plenum
	• Filme von den SuS bewerten lassen (wie in der Unterrichtsidee *Quel cinéma*)	
	• den Originaltext mit dem Film vergleichen	
	• Fragen zu den verschiedenen Filmen stellen und beantworten	

Nom:	Classe:

Fiche apprenant

Imitations

1. Travaillez en groupe. Votre professeur(e) vous a distribué un texte. Divisez le texte en séquences et notez l'intrigue essentielle[1] de chaque passage. Enlevez toute information complémentaire (noms, descriptions, etc.).

[1] *l'intrigue essentielle* wesentliche Handlung

Exemple: « Le Petit Chaperon rouge »[2] sans information complémentaire:

[2] *Le Petit Chaperon rouge* Rotkäppchen

Séquences	Contenu
Séquence 1	Un membre de la famille du personnage principal tombe malade.
Séquence 2	Le personnage principal met un vêtement accrocheur et va voir le membre de sa famille qui est malade. Celui-ci habite très loin.
Séquence 3	Chemin faisant, il rencontre une bête / un monstre.
Séquence 4	Il parle à la bête / au monstre et lui raconte où il va.
Séquence 5	La bête / le monstre écoute attentivement et pose quelques questions etc.

2. Créez votre propre synopsis[3]:
   • complétez chaque séquence de l'histoire avec votre information complémentaire (noms, descriptions, etc.);
   • inventez des dialogues;
   • respectez la chronologie de l'histoire originale;
   • adaptez la fin de l'histoire.

[3] *synopsis* Drehbuch

Exemple: l'intrigue essentielle de « Le Petit Chaperon rouge » avec des nouvelles informations complémentaires:

Séquences	Contenu
Séquence 1	Une cousine de Felix a une grippe.
Séquence 2	Felix met son jean jaune et va la voir. La cousine habite dans une autre ville.
Séquence 3	Le petit Felix doit y aller en taxi. Le chauffeur du taxi est un ours.
Séquence 4	Chemin faisant, Felix parle de sa cousine à l'ours.
Séquence 5	L'ours écoute attentivement et demande quel âge la cousine a etc.

3. Distribuez les rôles, apprenez votre texte par cœur, tournez et montez votre film. Voici quelques outils qui peuvent vous aider: VivaVideo; Instashot; VideoStar; PowerDirektor.

4. Regardez les films en classe. Choisissez le meilleur film. Expliquez pourquoi.

Unterrichtsidee 7.1: Un CV pas comme les autres

Stundenthema/ Kurzbeschreibung	Seinen Lebenslauf auf Französisch erstellen und interaktiv gestalten.

Digitale Medien/ Material	• IWB
	• Tablets/Smartphones
	• Apps zur Erstellung eines CV:
	  ∘ Genially (CV-Vorlagen zur Verwendung)
	  ∘ Thinglink (Bilder können um Infos und Videos angereichert werden)
	• Apps zum Erstellen von QR-Codes: Unitag; fr-qr-code

Vorbereitung	• ggf. Installieren der App auf den Tablets; Internetzugang • Schülerkontos auf einer der Plattformen anlegen • die Zugangsdaten den SuS mitteilen (per QR-Code möglich)
Zielgruppe	B1
Sprachliche Mittel	• Wortschatz/Formulierungen zum Thema „Lebenslauf/Bewerbung" • grammatische Zeiten wie *présent* / *passé composé* / *imparfait*
Zeitbedarf	ca. 90 Minuten
Kompetenzbereich/ Lehrplanbezug	• eigenen Lebenslauf verfassen • Sprechkompetenz und Präsentationstechniken trainieren
Achtung!	Die kostenfreie Version von Thinglink bzw. von Genially verfügt über eingeschränkte Funktionen. Dies bitte ggf. prüfen. Eine Registrierung ist erforderlich.

Stundenverlauf

Phase	Unterrichtsverlauf	Sozialform
Einstieg	Als Einstieg kann die L mit den SuS ungewöhnliche Bewerbungsstrategien besprechen (z. B. eine Bewerbung mittels eines Youtube-Videos). Besprochen wird außerdem Nr. 1 auf dem AB.	Plenum
Erarbeitung	Im Anschluss sollen die SuS ihre Lebensläufe mithilfe von Thinglink oder Genially verfassen. Den Link erhalten sie als QR-Code.	Einzelarbeit
Präsentation/ Sicherung	SuS stellen nacheinander ihre Lebensläufe am IWB vor. Die Präsentation kann auch in Partnerarbeit durchgeführt werden.	Plenum bzw. Partnerarbeit

Nom:	Classe:

Fiche apprenant

Un CV pas comme les autres

1. Voici quelques idées originales de CV. Laquelle préfères-tu? Pourquoi?
   - ☐ Une vidéo sur Internet / sur des réseaux sociaux
   - ☐ Un petit article autobiographique sur un réseau social / un blog
   - ☐ CV sous forme d'une carte mentale
   - ☐ Une image interactive qui contient le CV

2. a) Crée ton CV «pas comme les autres». Ouvre les liens / les QR-codes que tu viens de recevoir de la part de ton/a professeur(e):
   - le lien / QR-Code vers l'application Thinglink: tu enrichis une photo avec tes détails biographiques
   - le lien / QR-Code vers l'application Genially: tu complètes un modèle d'un CV original

   b) Indique dans ton CV les rubriques suivantes:
   - coordonnées (prénom, nom, adresse, numéro de téléphone et adresse électronique)
   - formation (respecte la chronologie, indique le nom de l'école, date de début et date de fin)
   - expériences professionnelles (indique tes stages, le nom de l'entreprise, date de début, date de fin ainsi que tes fonctions)
   - langues (compétences en langues A1–C2, séjours linguistiques, diplômes en langues étrangères)
   - compétences informatiques

3. Présente ton CV à la classe / au partenaire.

> *Je voudrais me présenter…*
> *Je suis né(e) le…*
> *J'habite à…*
> *Actuellement je suis à la recherche d'un stage / d'un emploi / etc.*
> *De… à… j'ai fait / j'ai été / j'ai eu… etc.*

Unterrichtsidee 7.2: Mit interaktiven Landkarten arbeiten: Je t'écris de …

Stundenthema/ Kurzbeschreibung	Kurze Berichte aus besuchten Ferienorten schreiben, auf einer virtuellen Weltkarte platzieren und vorstellen.
Digitale Medien/ Material	• IWB • Tablets/Smartphones • Apps zum Erstellen von Mindmaps: Framindmap; M8!; Popplet; SimpleMind • Apps zum Erstellen einer interaktiven Weltkarte, z. B.: FacilMap; Google My Maps
Vorbereitung	• ggf. Installieren der App auf den Tablets; Internetzugang • Die SuS erhalten den Auftrag, ein digitales Foto aus ihrem Urlaub auf einem USB-Stick mitzubringen bzw. es der L im Vorfeld per Mail zu schicken. • L legt in Google My Maps oder in FacilMap eine Weltkarte an, die später von den SuS gemeinsam bearbeitet wird. Der Link wird an die SuS kommuniziert. Die erstellte Karte kann gleichzeitig von mehreren SuS bearbeitet werden. In FacilMap ist keine zusätzliche Registrierung erforderlich.
Zielgruppe	A2–B1
Sprachliche Mittel	• Wortfelder „Ferien", „Wetter", „Sehenswürdigkeiten" • *présent, passé composé, imparfait*
Zeitbedarf	ca. 40–60 Minuten
Kompetenzbereich/ Lehrplanbezug	• über Ferienorte berichten; die wichtigsten Informationen zusammenfassen • Schreibkompetenz und Sprechkompetenz trainieren • Präsentationstechniken üben
Achtung!	Framindmap und Popplet erfordern eine Registrierung; für Google My Maps benötigen SuS und Lehrkraft Google-Konten.

Stundenverlauf

Phase	Unterrichtsverlauf	Sozialform
Einstieg	Das Thema *Mes vacances* wird ans IWB projiziert. In Partnerarbeit erstellen die SuS eine Mindmap dazu (Nr. 1 auf dem AB).	Partnerarbeit
Erarbeitung	Nun erhalten die SuS einen Link zu einer interaktiven kollaborativen Weltkarte auf FacilMap/Google My Maps. Sie werden aufgefordert, Orte zu markieren, die sie in ihren letzten Ferien besucht haben (Nr. 2 auf dem AB). Jeder Schüler setzt seine Markierung und schreibt im zusätzlichen Fenster einen kurzen Bericht in Form einer Postkarte über seine Ferien an diesem Ort. Einige Leitfragen und sprachlichen Mittel helfen dabei (Nr. 3 auf dem AB). Außerdem haben die SuS stets Zugriff auf ihre Mindmaps zum Wortfeld *Mes vacances*. Danach wird das vorbereitete Foto eingefügt. **Differenzierung:** Die Hilfestellungen in der Aufgabe Nr. 3 des Arbeitsblatts können nach Bedarf ergänzt bzw. entfernt werden.	Einzelarbeit
Präsentation/ Sicherung	Einzelne Beiträge werden vorgelesen (Nr. 5 auf dem AB).	Plenum

Nom:	Classe:

Fiche apprenant

La carte de nos vacances

1. En binômes: créez une carte mentale « Mes vacances ». Voici quelques outils: Framindmap; M8!; Popplet; SimpleMind.

2. Travail individuel: ouvre le lien vers la carte FacilMap/Google My Maps personnalisée. Trouve la ville / le lieu de tes dernières vacances et l'épingle[1].

   [1] *èpingler* markieren

3. Travail individuel: dans le cadre supplémentaire de la carte, décris en quelques mots la ville / les lieux que tu as visité(e)s sous forme de carte postale. Voici des questions et quelques phrases qui peuvent t'aider:

   > a) *Où est-ce que tu es allé en vacances?*
   > b) *Qu'est-ce que tu as fait là-bas? Décris tes activités.*
   > c) *Quelle activité as-tu préférée?*
   > d) *Es-tu allé voir tes amis? Ta famille? Raconte.*
   > e) *Qu'est-ce que tu as mangé? Parle des spécialités de cette région / ce pays.*
   > f) *Quel temps a-t-il fait pendant ton séjour?*

   > *Chèrs amis…   Pendant mes vacances, je suis allé(e) à…*
   > *J'ai fait du / de la / de l'…   Je suis allé(e) voir…   J'ai mangé du / de la / de l'…*
   > *Pendant mon séjour, il a fait…   J'ai surtout aimé…   Cordialement / Bien à vous / à toi*

4. Insère une photo pour illustrer ton voyage.

   > *Voici quelques astuces (Tipps) pour bien choisir ta photo:*
   > *– C'est une photo originale*
   > *– La photo donne envie de découvrir le lieu*
   > *– La photo est dynamique et positive*

5. Présente ton travail à la classe.

Stundenthema/ Kurzbeschreibung	*Deux pays, deux peuples – une histoire:* Erarbeitung und Systematisierung der deutsch-französischen Beziehungen ab dem Jahr 1948 anhand eines Zeitstrahls. Erstellung von Kurzbeiträgen in kollaborativer Arbeit.
Digitale Medien/ Material	• IWB • Tablets/Smartphones • Webseiten/Apps zur Erstellung eines Zeitstrahls, z. B.: 　◦ OpenOffice 　◦ Frisechronos 　◦ Preceden 　◦ Timetoast 　◦ TikiToki • Webseiten/Apps zur kollaborativen Textproduktion, z. B.: 　◦ Padlet 　◦ Linoit • Apps zum Erstellen von QR-Codes: 　◦ Unitag 　◦ fr-qr-code • Internetrecherche: 　◦ Portale digitaler Zeitungsangebote 　◦ Webseite des Deutsch-Französischen Jugendwerks 　◦ Webseite der französischen Botschaft in Deutschland
Vorbereitung	• ggf. Installieren der App auf den Tablets; Internetzugang • eine thematische Seite auf Padlet/Linoit anlegen • den SuS den Link zum gemeinsamen Schreiben mitteilen (auch als QR-Code möglich)
Zielgruppe	B1
Sprachliche Mittel	• historische Ereignisse beschreiben, Daten nennen • Wiederholung der Vergangenheitsformen wie *passé composé, imparfait* bzw. *présent historique*
Zeitbedarf	ca. 90 Minuten
Kompetenzbereich/ Lehrplanbezug	• die deutsch-französischen Beziehungen systematisieren • Schreibkompetenz und Sprechkompetenz trainieren • Präsentationstechniken schulen
Achtung!	Bis auf OpenOffice, Frisechronos und fr-qr-code setzen die oben genannten Apps bzw. digitalen Angebote eine Registrierung voraus.

Stundenverlauf

Phase	Unterrichtsverlauf	Sozialform
Einstieg	Zum Einstieg bietet es sich an, kurz die aktuellen deutsch-französischen Beziehungen zu besprechen (Nr. 1 auf dem AB). Dafür recherchieren die SuS in Kleingruppen (3–4 Personen) nach den neuesten Ereignissen. Im Anschluss berichten sie über die Ergebnisse ihrer Recherche (ca. 1 Minute pro Gruppe).	Gruppenarbeit und Plenum
Erarbeitung	Im nächsten Schritt sollen die SuS zu zweit die Begriffe/Ereignisse auf dem Arbeitsblatt in eine chronologische Abfolge bringen. Dafür recherchieren sie nach den dazugehörigen Daten. Jeder Begriff samt Datum wird mithilfe einer der oben genannten Apps auf einem digitalen Zeitstrahl angeordnet (Nr. 2 auf dem AB). Nachdem der Zeitstrahl erstellt wurde, finden sich die SuS in Tandems zusammen. Die historischen Ereignisse werden auf die Tandems aufgeteilt, jedes Paar führt eine Recherche zu seinem Thema durch (Nr. 3 AB). Danach wird das Ereignis auf Padlet bzw. Linoit kurz in Stichpunkten beschrieben. Auf diesen virtuellen Tafeln können Texte in kollaborativer Arbeit verfasst werden, sind sofort für alle sichtbar und bleiben online verfügbar, auch für künftige Projekte. Den Link zur thematischen Seite erhalten die SuS als QR-Code von der L. Der Text soll die wesentlichen Informationen zum historischen Ereignis enthalten (Wer? Wo? Wann? Warum?). **Differenzierung:** Leistungsschwächere Lerngruppen erhalten von der Lehrkraft Stichpunkte/Fragen zum jeweiligen Ereignis.	Partnerarbeit/ Plenum
Präsentation/ Sicherung	Zum Schluss werden alle Beiträge der Chronologie nach mündlich präsentiert (Nr. 4 auf dem AB).	Plenum

Nom:	Classe:

Fiche apprenant

Deux pays, deux peuples – une histoire

1. En groupes (3 – 4 personnes), faites des recherches sur Internet et présentez brièvement (max. 1 minute) des actualités importantes du domaine franco-allemand. Voici des sites qui peuvent vous aider:
   • Site de l'ambassade de France en Allemagne (de.ambafrance.org)
   • Site de l'OFAJ (ofaj.org)
   • Sites des médias français et allemands

2. a) En binômes: quand se sont passés les événements dans le cadre ci-dessous? Faites une recherche sur Internet.

   b) À partir des événements dans le cadre, créez un axe historique[1] qui retrace la chronologie des relations franco-allemandes depuis 1948 jusqu'à nos jours. Voici quelques outils pour créer l'axe historique: OpenOffice; Preceden; Timetoast; TikiToki.

   [1] *l'axe historique* Zeitstrahl

Événements historiques depuis 1948

• Création des lycées franco-allemands et du baccalauréat franco-allemand

• Signature du Traité de l'Elysée

• Création de la Brigade franco-allemande

• Première émission ARTE

• Signature des accords de Paris

• Création d'Airbus

• Création de l'Université franco-allemande

• Création du Prix De Gaulle–Adenauer

• Projet de constitution de la CECA (Communauté européenne du charbon et de l'acier)

• Publication du manuel d'histoire commun franco-allemand

• Traité de coopération franco-allemand d'Aix-la-Chapelle

• Création d'Alleo (filiale de transport franco-allemand)

• Création du Prix franco-allemand du journalisme (PFAJ)

• Création de l'Institut franco-allemand de Ludwigsburg

---

3. En binômes: ouvrez le lien vers le site Padlet/Linoit. Choisissez un événement de l'axe historique et notez ses mots-clés sur le site. Répondez aux questions suivantes: Quand? Qui? Où? Comment? Pourquoi?

4. Présentez l'événement à la classe.

Stundenthema/ Kurzbeschreibung	Internationale Projekte online gestalten bzw. durchführen. SuS aus anderen Ländern kennenlernen und mit ihnen auf der gemeinsamen Plattform auf Französisch kommunizieren. Bei diesem Entwurf handelt es sich um eine exemplarische Darstellung eines internationalen Schreibprojekts zwischen einer deutschen und einer französischen Schule.

Digitale Medien/ Material	• IWB
	• Tablets/Smartphones
	• Fotokamera
	• Website etwinning.net (Partnerschule für das Projekt finden; gemeinsame Projektseite erstellen)
	• Projekttexte veröffentlichen mithilfe von ins e-twinning-Portal integrierten Apps wie:
	  ◦ Padlet
	  ◦ Linoit
	  ◦ Framapad
	  ◦ Tripline
	• Apps / Webseiten für Abschluss und Bewertung, z. B.:
	  ◦ GoogleForms
	  ◦ Answergarden
	  ◦ Issuu
	  ◦ Calaméo

Vorbereitung	• ggf. Installieren der App auf den Tablets; Internetzugang • L meldet sich bei den oben genannten Plattformen an • L findet interessierte Lerngruppen, die am Projekt teilnehmen • gemeinsam mit anderen Lehrkräften werden Projektidee, -ziele und Zielgruppe ausgearbeitet sowie ein Zeitplan zur Projektdurchführung erstellt • eine der L registriert das Projekt mit Namen und Kurzbeschreibung auf dem e-twinning-Portal. Im e-twinning-Portal wird eine Projektseite (Twinspace) erstellt • alle teilnehmenden L hinterlegen ihre SuS-Liste auf der Projektseite • alle SuS erhalten individuelle Zugangsdaten (Benutzername und Kennwort) • am Ende des Projekts erstellt eine L einen Feedback-Fragebogen für die Projektbewertung
Zielgruppe	A2–B1
Sprachliche Mittel	werden von der L festgelegt
Zeitbedarf	16–17 Wochen, 20–45 Minuten pro Woche je nach Projektphase
Kompetenzbereich/ Lehrplanbezug	• interkulturelle Kompetenzen entwickeln • Schreib- und Lesekompetenz trainieren • durch Projektziele festgelegt

Achtung!	• Bis auf Framapad und Answergarden setzen die oben genannten Apps/Webseiten eine Registrierung voraus. • Es sollte eine Einwilligungserklärung des Elternhauses zur Teilnahme am Projekt eingeholt werden. • Die Schulleitung sollte informiert werden, da es sich um eine internationale Zusammenarbeit handelt. • Verhaltensregeln sollten festgelegt werden. • Falls die Gruppengrößen der Partner-Schulen sich erheblich voneinander unterscheiden, sollten die Arbeitsaufträge gleichmäßig verteilt werden. • Der Projektzeitplan muss den SuS übermittelt und eingehalten werden.

Stundenverlauf

Phase	Unterrichtsverlauf	Sozialform
Einstieg	Sobald die Partnerschule(n) auf den oben genannten Plattformen gefunden wurde(n) und das internationale Projekt seitens aller L und der Schulleitung bestätigt und ausgearbeitet wurde, beginnt die Projektarbeit. **Woche 1:** Die L erstellt eine interaktive Karte der teilnehmenden Schulen mittels der App Tripline. So werden alle Orte auf einer Weltkarte visualisiert. Diese Karte wird auf der Projektseite (Twinspace) veröffentlicht. Im Plenum wird über das Projekt und seine Ziele gesprochen. **Woche 2:** Die internationalen Teilnehmer stellen sich vor. Jeder schreibt einen kurzen Text über sich, beschreibt, wie er / sie aussieht, was er / sie mag, wo er / sie wohnt. Die Texte werden auf die Projektseite geladen.	Plenum, Einzelarbeit
Erarbeitung	Folgende Projektphasen werden durchgeführt: **Woche 3:** *Mon école*: Die SuS beschreiben ihre Schule. Sie stellen die Schulfotos auf die Projektseite, beschreiben das Gebäude und ihre Klasse, erläutern, wo sich die Schule befindet, welche Fächer in ihrem Jahrgang unterrichtet werden usw. **Differenzierung:** Die Beschreibungen können in Partnerarbeit erstellt werden (wie auf dem AB); Fotos werden von der Beschreibung getrennt und sollen von der Partnerschule zugeordnet werden. **Woche 4:** *J'imagine la vie d'un objet*: Die SuS laden auf der Projektseite Fotos aus ihrem Alltag hoch. **Woche 5:** Jeder Schüler / jede Schülerin sucht sich ein Foto der Partnerschule aus und schreibt dazu eine kreative Geschichte: Wo befindet sich das Objekt, wem gehört es, warum hat die Person es aufgenommen usw. Die Fotos können ggf. so verteilt werden, dass zu je einem Foto eine Geschichte geschrieben wird. **Woche 6:** Die SuS lesen die Geschichten, die zu ihren eigenen Aufnahmen entstanden sind, und hinterlassen Kommentare zu ihren Aufnahmen: Wo befindet sich mein Objekt tatsächlich, wem gehört es, warum habe ich es aufgenommen. **Woche 7:** Die drei besten Geschichten werden ausgewählt (Umfrage mit der App Answergarden).	Einzel- und Partnerarbeit

Erarbeitung	**Woche 8:** *Mon histoire:* Alle teilnehmenden SuS schreiben 2–3 Sätze (ca. 10–15 Wörter) aus ihrer jetzigen Lektüre / ihrem Lehrbuch für Französisch auf die Projektseite.	Einzel- und Partnerarbeit
	Differenzierung: Sollten sich die Teilnehmerzahlen der Partnerschulen erheblich unterscheiden, kann in dieser und der nächsten Projektphase mit einem Partner an einer Geschichte gearbeitet werden.	
	Woche 9: Die Anfangssätze werden so verteilt, dass jeder Geschichten-anfang aus der Partnerschule eine/-n Schreiber/-in findet. Die Geschichten werden fortgeschrieben (ca. 80 Wörter). Fragen wie *Qui? Où? Quand? Comment? Pourquoi?* unterstützen dabei.	
	Woche 10: Die Autoren/Autorinnen der Anfangssätze schreiben in den Kommentaren, wie sich die Geschichte tatsächlich entwickelt.	
	Woche 11: Die SuS lesen alle Geschichten und wählen die beste aus (Umfrage mit Answergarden).	
	Differenzierung: Die Texte können kollaborativ geschrieben werden (wie in der Unterrichtsidee „Einen Text gemeinsam schreiben: *Que s'est-il passé?*“).	
	Woche 12: *Conseille-moi un livre ou un film:* Die SuS schreiben Buch- bzw. Filmempfehlungen an die Partner-SuS.	
	Woche 13: Die SuS lesen die Empfehlungen und schreiben zurück, ob sie dieses Buch / diesen Film kennen und wie sie es/ihn finden.	
	Woche 14: *A la prochaine!* Das Projekt wird abgeschlossen. Die SuS schreiben kurze Beiträge darüber, was ihnen an diesem Projekt besonders gefallen hat und was sie gelernt haben.	
Präsentation/ Sicherung	**Woche 15:** Evaluation. Das Projekt wird von den SuS bewertet (Fragebogen wird im Vorfeld von der L mithilfe von GoogleForms erstellt).	Einzelarbeit, teilweise Gruppenarbeit
	Woche 16: Die Projektergebnisse werden in Form eines E-Magazins für die Teilnehmer/-innen veröffentlicht (mit Apps wie Calaméo, Isuu) bzw. ausgedruckt und in den jeweiligen Schulen bekannt gegeben. Die Erstellung eines E-Magazins mit den Projektergebnissen übernimmt eine kleine Arbeitsgruppe mit maximal 3 Teilnehmern/Teilnehmerinnen.	

Nom:	Classe:

Fiche apprenant

Projet international: E-crivons ensemble

Tu vas participer au projet «Ecrivons ensemble» qui réunit les élèves des pays différents sur le portail e-twinning. Voici les étapes du projet:

Etape / Date	Description
1. / _____	Remets ton autorisation parentale au / à la professeur(e).
2. / _____	Ecris un texte pour **te présenter:** Tu t'appelles comment? Tu habites où? Décris ton apparence physique (la taille, le visage, les cheveux, les yeux). Qu'est-ce que tu aimes? etc. Mets ton texte en ligne sur le site du projet.
3. / _____	**Mon école.** En binômes. Chaque binôme décrit son école. Voici les sujets à développer: • Mon école. Information générale: les lieux, les locaux • Les matières • Notre classe • Nos profs • Nos voyages scolaires • Nos sorties scolaires • Nos fêtes scolaires • Nos salles de classe • Nos ateliers • Interview avec notre proviseur • Interview avec notre prof principal Chaque binôme prend une photo qui illustre son sujet. Mettez vos textes et vos photos en ligne sur le site du projet. Lisez les textes de vos partenaires internationaux et retrouvez quelle photo va avec quel texte.
4. / _____	**J'imagine la vie d'un objet.** Prends une photo de ton quotidien et mets-la sur le site du projet.
5. / _____	Choisis un objet photographié par l'école partenaire et imagine son histoire (80 mots): où se trouve cet objet? À qui appartient cet objet? Pourquoi a-t-on choisi cet objet? Imagine sa vie. Mets ton texte en ligne sur le site du projet.
6. / _____	Lis le texte qui illustre ta photo et réponds en commentaire d'où vient ta photo, à qui appartient l'objet photographié et pourquoi l'as-tu choisi.

Nom:	Classe:

7. / _____	Lis les histoires de l'école-partenaire. Ouvre le site Answergarden et mets les titres des trois meilleures histoires.
8. / _____	**Mon histoire.** Choisis un début d'une histoire en français. Ecris les premières phrases (10–15 mots) sur le site du projet.
9. / _____	Choisis un début de l'histoire de l'école-partenaire et écris la suite (80 mots): Qui? Où? Quand? Comment? Pourquoi?
10. / _____	Lis la suite écrite par l'école-partenaire pour ton début du n° 8 et écris dans le commentaire comment l'histoire continue.
11. / _____	Lis les histoires de l'école-partenaire. Ouvre le site Answergarden et mets le titre de la meilleure histoire.
12. / _____	**Conseille-moi un livre ou un film.** Conseille un livre ou un film aux élèves de ton école-partenaire.
13. / _____	Lis et commente les conseils de l'école-partenaire. Connais-tu ces livres / ces films déjà? Qu'est-ce que tu en penses?
14. / _____	**A la prochaine!** C'est la fin du projet. Ecris un petit texte sur ce que tu as aimé le plus dans ce projet et ce que tu as appris. Mets ton texte en ligne (30 mots).
15. / _____	**Evaluation du projet.** Ouvre le site GoogleForms et réponds aux questions de ton / ta professeur(e) pour évaluer le projet.
16. / _____	Un petit groupe de participants crée un magazine en ligne avec les textes du projet.

Nom:	Classe:

Fiche apprenant

Hilfestellung zu Präsentationstechniken und weitere Sprachmittel

Du hast den Auftrag erhalten, ein Thema auf Französisch zu präsentieren. Hier findest du einige Hilfestellungen für die Vorbereitung und Durchführung der Präsentation.

1. Zu beachtende Punkte:

a) Inhalt
- Ist deine Gliederung übersichtlich?
- Ist der Inhalt sachlich richtig?
- Verwendest du den passenden thematischen Wortschatz?

b) Vortrag
- Nach Möglichkeit solltest du frei sprechen.
- Verwende Moderationskärtchen mit Schlüsselwörtern.

c) Sprachrichtigkeit
Verwende einfache Sätze und außerdem thematisch relevante Vokabeln und Ausdrücke.

d) Visualisierung / Einsatz von Medien
- Verwende eine gut lesbare Schriftgröße.
- Verwende thematisch relevante Fotos/Grafiken.
- Verwende nicht zu viel Text auf einer Folie.
- Verwende wenig Spezialeffekte.

e) Zusammenarbeit
- Bei Teamarbeit sollten die Inhalte von allen Teammitgliedern gleichwertig erarbeitet werden.
- Trefft klare Absprachen.
- Helft euch gegenseitig.

2. Redemittel für die Präsentation

a) Ein Thema präsentieren
Aujourd'hui, je voudrais vous parler de … / expliquer / montrer (comment) …

b) Beispiele nennen
Par exemple … / Voilà un exemple pour …

c) Verbindungswörter verwenden / chronologische Abfolge verdeutlichen
D'abord / ensuite / après / puis / à la fin …

Nom: Classe:

d) Begründen

Parce que / car (am Anfang eines Hauptsatzes) / c'est pourquoi / pour cette raison …

e) Schlussfolgerungen ziehen

Pour conclure / en somme / en fin de compte …

f) Zeitangabe

En 2000 / Depuis 2000 …
En janvier / février / mars / avril …
De … à … / Jusqu'à …
Lundi / le lundi, …

g) Eine eigene Meinung äußern

Je pense que … / Je crois que … / Il me semble que … / Selon moi …

h) Beenden

Avez-vous des questions à me poser?
Je touche maintenant à la fin de mon exposé et je vous remercie pour votre attention.

Pour aller plus loin

Folgende Apps/Internetseiten können die SuS beim Lernen zu Hause unterstützen.

Wortschatz und Vokabeln wiederholen und festigen	
Duolingo Memrise MosaLingua	Mit diesen Apps können Vokabeln spielerisch wiederholt werden.
4 Images 1 mot	Ein Ratespiel mit Wörtern.
Quizlet	In dieser App erstellen die SuS digitale Karteikarten zum Vokabellernen.
Rechtschreibung verbessern	
Projet Voltaire	Diese App hilft, die eigene Rechtschreibung im Französischen zu verbessern.
Les timbrés de l'orthographe	Diese App umfasst u. a. Diktate, Quiz und Wettbewerbe.
Hör- und Leseverstehen trainieren	
TV5Monde	Auf dieser Webseite befinden sich viele Kurzfilme mit Fragebögen.
LyricsTraining	Musiksammlung mit Lückentexten, die vervollständigt werden sollen.
Spotify	Hier findet jeder die französische Musik, die ihm gefällt.
Radio France International	Der Sender steht auch online zur Verfügung.
Grammatische Strukturen wiederholen und festigen	
LearningApps	Große Auswahl von abwechslungsreichen Apps.
OBS	Mit dieser App werden Verbformen geübt.

Notizen

Notizen